Pareja
o
Matrimonio

DECIDA USTED

Sergio Zurita & Mario Zumaya

VIVIRMEJOR

Pareja

o

Matrimonio

DECIDA USTED

Sergio Zurita & Mario Zumaya

VERGARA

México D.F.•Barcelona•Bogotá•Buenos Aires•Caracas•Madrid•Montevideo•Miami•Santiago de Chile

Pareja o matrimonio. Decida usted

1ª edición diciembre de 2011

D.R. © 2011, Sergio Zurita y Mario Zumaya
D.R. © 2011, Ediciones B México S. A. de C. V.
Bradley 52, Col. Anzures, 11590, México, D. F.

www.edicionesb.mx

ISBN 978-607-480-227-6

A mi esposa, Leonora,
por la belleza del amor verdadero.

Sergio Zurita

Para Alicia, por ser quien eres
y por quien soy contigo.

Mario Zumaya

Pero
estamos juntos,
resistimos,
guardando
tal vez
espuma negra o roja
en la memoria,
heridas
que palpitaron como labios o alas.
Vamos andando juntos
por calles y por islas,
bajo el violín quebrado
de las ráfagas
frente a un dios enemigo,
sencillamente juntos
una mujer y un hombre.

—**PABLO NERUDA, "Oda a la pareja"** (fragmento).

Introducción

Hemos escrito este libro para gente joven, de 12 años en adelante y hasta los 90, por lo menos. Jóvenes, en tanto deseo y posibilidad de cambio frente a cualquier realidad insatisfactoria y enajenante. Y porque creemos, quizá con total delirio narcisista y macho, que lo que tenemos que decir es útil y porque, básicamente, no podemos quedarnos callados frente al horror de la vida matrimonial actual: lo que alguna vez fue una pareja amorosa se torna, con los años, en una pesadilla legal y religiosamente constituida. Porque las expectativas que tenemos acerca de la pareja son —estamos seguros— excesivas. Nuestra pareja ha de ser para nosotros, y nosotros para ella: amigo íntimo, estupendo amante, profundo psicoterapeuta, hábil consejero financiero, chef *Cordon Bleu*, soporte emocional incondicional, cargador de bultos, ama de casa, sirvienta, geisha, pedagoga, pediatra, y un largo etcétera.

Creemos que la principal causa de los divorcios es el matrimonio mismo tal como está estructurado en esta nuestra cultura mexicana, en la que las televisoras privadas, en su codicia y estulticia permanentes, determinan lo que es el amor y la pareja; en la que el peso de la religión tradicional y de las políticas públicas hace que la pareja desaparezca en favor de la familia, a la que hay que mantener unida cueste lo que cueste, violencia familiar incluida. Dicho de otra manera: vivimos en una cultura en la que lo que importa es la familia, no la pareja; en la que el amor se entiende como un sustantivo, como una cosa, como "algo" de lo que no somos responsables y, por lo tanto, cuando el amor nos invade y nos inunda somos capaces de todo, lo bueno y lo malo. Cultura en la que se plantea que el amor está más allá de las palabras y de su estudio: es algo sublime y etéreo... Nada más falso..., y más peligroso. El amor, entendido como lo entendemos en esta cultura, como posesión y exigencia de sometimiento, reglamentado por cleros y jueces, produce toda clase de violencias y decesos, psíquicos y físicos. Estamos seguros de que esta clase de amor ha producido más víctimas a lo largo de la historia que todas las guerras.

Pensamos que la vida en pareja debe ser sometida a escrutinio, que el amor, como verbo, como una acción o conjunto de acciones que han de asistir a nuestra pareja a llegar a ser quien es y no quien queremos que sea, debe serlo también. Ambos, la pareja y el amor del que provienen y hacia el que deseablemente se dirigen, deben ser tomados como tema de largas conversaciones. De hecho lo son todo el tiempo, de una manera poco sistemática y un tanto ingenua. Lo que hemos intentado aquí es conversar, adentrarnos en esa mezcla de lenguaje y emociones, de una manera más estructurada y desde nuestros distintos ámbitos de competencia profesional. Y hacerlo de la manera más coloquial y antisolemne posible, sin tomarnos tan en serio, con humor.

Esperamos que a esta larga conversación sigan muchas otras por parte de nuestros lectores a los que, de antemano, agradecemos su interés y a los que esperamos perturbar... en cualquier sentido.

Conviene anticipar que al terminar nuestras conclusiones pensamos que requeríamos hacer una reflexión o reconsideración final, "La última conversación", que el lector encontrará por razones de continuidad y claridad antes de las conclusiones.

La pareja es la relación más importante que los seres humanos vivimos. Es, de hecho, la que nos hace humanos.

Con la pareja primaria, la que vivimos con nuestra madre, desarrollamos el lenguaje en un contexto habitualmente —aunque no siempre— amoroso. Con la que establecemos años después por medio de la atracción y el deseo, experimentamos el erotismo y, más tarde, la posibilidad de establecer una pareja unida por un vínculo amoroso adulto. Lenguaje, erotismo y amor, características fundamentales del ser humano, son indisociables de la vida como par, como lo son también los ejes evolutivos, la necesidad de protección y de reproducción, sobre los que se construye lo psíquico: las emociones, los pensamientos y la conducta.

El desarrollo, la estructura, la organización y la dinámica de la pareja adulta unida por los vínculos erótico y amoroso, que van a dar la base a mediano y largo plazo para reproducirnos y fundar y desarrollar una familia, son, sin duda, de una complejidad, de una fragilidad y, al mismo tiempo, de una fortaleza y *resiliencia* pasmosas. Sostener una pareja a largo plazo es una tarea que requiere un gasto de energía que, curiosamente, habrá de salir de la relación misma en una especie de movimiento perpetuo. Esto es, la pareja se alimenta de sí misma. O se destruye a sí misma si las necesidades de cada uno de sus miembros no son mínimamente satisfechas.

No podemos hablar de la pareja, estudiarla, sacándola de su contexto social e histórico, contexto o circunstancia a la que, a su vez, determina la forma que habrá de tener la relación misma, así como la expresión de su vínculo amoroso.

Dicho de otra manera, es la cultura en la que nos desarrollamos la que habrá de determinar lo que consideramos amoroso o no, lo que es erótico o no y lo que es, en última instancia, una pareja "exitosa".

La pareja está en el centro de la cultura y en la base del aparato económico y productivo del que es su objeto. Sin exagerar: todo el aparato económico tiene como objetivo obtener una pareja, amar y ser amados, y la familia a la que da lugar. Las industrias se encargan de hacernos más atractivos para ella o él: moda, perfumería, cosméticos, gimnasios, ropa, todas ellas con su respectiva mercadotecnia y publicidad, y que habrán de "ayudarnos" a "conquistar" una pareja idónea y fundar con ella una familia que va a requerir boda, viajes, inmuebles, ropa, alimentos, automóviles. Y con la llegada de los niños, médicos, ropa, alimentos, escuelas, seguros... y vuelta a empezar el ciclo.

El vínculo amoroso, el erotismo y las desventuras de la pareja dan lugar al cine, la música, la literatura, el arte, la dramaturgia, etcétera, y a una floreciente industria farmacológica para hacer frente a depresiones, ansiedades, y a las erecciones fallidas, eyaculaciones prematuras, falta de deseo femenino... y a una no tan floreciente industria psicoterapéutica con sus respectivos gurúes y la resultante copiosa bibliografía de autoayuda. También a larguísimas y sabrosas charlas de sobremesa que, por supuesto, aumentan el consumo de alimentos y bebidas que lubrican nuestra inextinguible ansia de chismes, de comentar la desgracia o envidiar la felicidad ajena.

Sergio Zurita y yo, Mario Zumaya, unidos por un vínculo psicoterapéutico inicial, de amistad y colaboración, nos hemos dado a la tarea de grabar y transcribir una serie de largas conversaciones acerca de la pareja actual, de su posibilidad o imposibilidad, de su creación y destrucción, así como de plantear posibles soluciones para atenuar sus inevitables desventuras, teniendo en cuenta que si bien el dolor de vivir como par es ineludible, el sufrimiento puede ser, o es, más o menos optativo.

Y lo hemos hecho porque Sergio es un periodista gráfico y radiofónico, un "hombre de teatro" en su cuádruple condición de actor, productor, dramaturgo y director, un fan (de Bob Dylan) y un experto en cultura. Porque su acercamiento al ser humano es a través de las manifestaciones de su creatividad. Y porque yo soy un "ayudador" profesional: psiquiatra y psicoterapeuta que, como tal, decidió hace 33 años conocer al ser humano en su faceta de sufrimiento emocional. Porque en tanto seres humanos, nuestra mayor preocupación, nuestro placer, dolor y sufrimiento, se han derivado, se derivan y se derivarán de nuestra vida de pareja. Porque nos separa casi una generación: yo nací en 1951 y Sergio en 1971, lo que permite —eso creemos o queremos creer— tener un "abanico" importante de formas de experimentarnos a nosotros mismos y al mundo que nos rodea. Clasemedieros ambos y rabiosamente citadinos.

PARA SABER MÁS...

Resiliencia. En psicología, el término se refiere a la capacidad de los sujetos para sobreponerse a periodos de dolor emocional y traumas. Cuando un sujeto o grupo es capaz de hacerlo, se dice que tiene una resiliencia adecuada y puede sobreponerse a contratiempos o incluso resultar fortalecido por los mismos. El concepto de resiliencia se corresponde aproximadamente con el término "entereza".

"

Mi enemiga no eres tú,
Tu enemigo no soy yo,
El enemigo común está alrededor.

—JAIME LÓPEZ, *Sácalo*.

¿Para qué un libro
sobre la o las parejas?

Sergio Zurita ¿Buscamos utilidad? ¿Buscamos hacer un libro útil, doctor?

Mario Zumaya Pues sí, no creo que sea un simple ejercicio intelectual. Buscamos plantear algunas ideas que se traduzcan en un tema de reflexión para la gente a la cual va dirigido el libro. Sí, lo que yo creo es que debemos hacer un libro útil; de hecho, muchas cosas de la psicoterapia —por lo menos como yo la entiendo— son o deben ser fundamentalmente útiles.

Sergio ¿El tema es la pareja?

Mario El tema son *las* parejas. Cómo vivimos la vida en pareja. Por supuesto que yo podría hablar estrictamente por mí; mi vivencia como la pareja de alguien, pero he tenido el privilegio de atender a muchas parejas durante 25 años, y estoy convencido de que el ámbito en el cual uno se ve confrontado con su manera de pensar, sentir y construir las cosas es, precisamente, el de la pareja. Creo que es la relación fundamental para cada uno de nosotros.

Es un libro que no sólo busca describir lo que les pasa a las parejas, sino plantear qué tan posible es vivir en pareja hoy por hoy.

Sergio ¿Vivir en pareja es una cuestión animal o es un invento del hombre, como comer cosas que cultivamos?

Mario Yo creo que es una actividad propiamente humana. A manera de ejemplo, digamos que la dimensión biológica de los seres humanos tiene que ver fundamentalmente con la reproducción. Uno busca una pareja para reproducirse, y ésa es una dimensión estrictamente biológica que compartimos con todos aquellos animales que, al igual que nosotros, tienen una reproducción sexuada. Pero lo erótico es fundamentalmente humano, al igual que la vinculación afectiva, que es el lazo que une a la pareja.

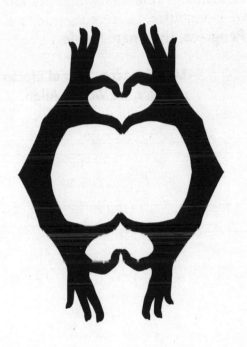

Penguins, they mate for life.

—**Mia Farrow**, bajo el efecto de la hipnosis
en *Alice*, de Woody Allen.

La monogamia

SERGIO Hay animales que son monógamos por naturaleza y otros animales son promiscuos también por naturaleza. ¿Nosotros qué somos?

MARIO Bueno, aquí voy a decir un lugar común: si por naturaleza vamos a entender todo aquello que no es tocado por la cultura, o que no pasa por la cultura, entonces en el ser humano no hay nada natural. La naturaleza del hombre no es biológica o animal, sino social y cultural.

La pareja constituida como lo está en la actualidad es un producto cultural. La cultura dice que nos hemos de emparejar si nos amamos, si nos hemos enamorado y después nos amamos. Hay un vínculo afectivo que biológicamente estamos diseñados para sentir, pero la forma como se expresa ese vínculo amoroso es cultural.

SERGIO La sociedad busca preservarse a sí misma. Quiere mantenerse como está. Evoluciona o cambia cuando un individuo inventa la rueda o aprende a producir fuego. La sociedad suele castigar a ese individuo visionario y ya después usa la rueda y el fuego. ¿A cuál de las dos cosas pertenece la pareja? ¿A la sociedad estática o al individuo visionario? ¿Va la pareja en contra del individuo? Estas preguntas van cargadas de mi manera de ver la vida. Me cuesta trabajo concebir la pareja. Mis padres se divorciaron poco después de que yo nací. Mis abuelos estaban casados, pero no me parecía que fueran una pareja; o tal vez sí lo eran, pero yo nunca los vi ni siquiera tomarse de la mano.

She says, What do you call love?
Well, I call it Harry
Oh please, I'm being serious
What do you call love?
Well I don't call it family and I don't call it lust
And as we all know marriage isn't a must
And I suppose in the end it's a matter of trust.

—LOU REED, *Turning Time Around.*

El erotismo y la pareja

MARIO Allí habría que dar un paso atrás: qué entiendo *yo* por pareja. Para mí es una relación que se da entre dos personas, donde existe un vínculo emocional o amoroso que las une. Y en esa relación se comparte un erotismo —no una sexualidad, un erotismo—. Un terapeuta español amigo mío, Rafael Manrique, dice que la sexualidad es como una escalera eléctrica. Esa escalera tiene una utilidad específica, pero los niños juegan con ella. Las escaleras eléctricas no están hechas para jugar, pero los niños juegan. Del mismo modo, la sexualidad sirve para reproducirse, pero las parejas la usan para algo más. Lo propiamente humano es jugar, no subir y bajar las escaleras. Eso es el erotismo: jugar.

Entonces, una relación en la que se comparte ese erotismo, y donde también se comparte el placer de estar, de crecer juntos, de hacer todo amorosamente para que el otro esté bien, con todas las dificultades que esto implica. Esa relación de dos personas que comparten el erotismo y el placer de estar, es lo que yo llamo pareja.

Uno puede compartir con alguien el erotismo, pero no el placer de estar con esa persona; eso no es una pareja desde mi punto de vista. Por otro lado, puedo interesarme muchísimo, hacer todo para que esté bien, pero no compartir el erotismo. Eso tampoco es una pareja. Entonces, a lo mejor soy muy buen amigo, un socio espléndido, pero no soy pareja.

Ahora, cómo se vive esa pareja, cuándo yo me reconozco como pareja de alguien o no, o cuándo la otra persona me reconoce como su pareja o no, y con base en qué me siento perteneciente a una pareja o el otro se siente mi pareja, eso es cultural.

Cómo codifico mi sentimiento amoroso y mi forma de estar con otra persona tiene que ver con la literatura, tiene que ver con el cine, tiene que ver con unas cosas que me dicen qué es estar enamorado, o qué es lo amoroso. Todo ese recorrido para decir que sí, que el amor es un fenómeno cultural.

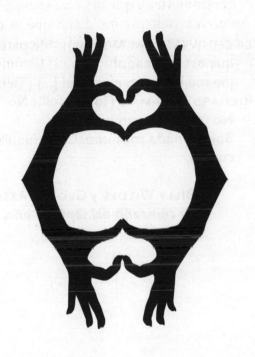

LA CHICA (Marilyn Monroe): ¡Me parece genial que estés casado!
¡Se me hace tan elegante! [...] ¿Tienes hijos?
RICHARD SHERMAN (Tom Ewell): No. Ninguno. No tengo ningún hijo.
Bueno, nada más uno. Uno chiquito. Casi no cuenta.

—BILLY WILDER y GEORGE AXELROD,
La comezón del séptimo año.

El matrimonio ≠ la pareja

Sergio ¿También el amor?

Mario También el amor. El vínculo.

Sergio Entonces hay varios requisitos para ser una pareja. Vuelvo a mis abuelos: sólo hablaban de cosas muy concretas, como "va a venir el plomero" y ya. No estaban juntos, no se tocaban, pero ahí estaban, y ella le servía de comer a él y en la noche se iban a dormir y punto. ¿Eran pareja?

Mario No. Eran un matrimonio, pero no eran una pareja.

Sergio ¿Se puede ser un matrimonio pero no ser una pareja?

Mario Se es muchísimas veces un matrimonio, pero no una pareja.

Sergio ¿Una cosa no implica la otra?

Mario No, no es equivalente. Por ejemplo, en consulta como psicoterapeuta de parejas, veo gente que tiene muchísimos problemas; por eso viene. Y algunas de estas personas, con todos los problemas que tienen, comparten un erotismo. No sólo no dejan de relacionarse sexualmente, sino que además hay un jugueteo alrededor de eso. No solamente usan las escaleras eléctricas, sino que además juegan con ellas. De repente daría la impresión de que no son pareja porque se agarran del chongo todo el tiempo, pero sí lo son en tanto la dimensión erótica. Y por otro lado, no es que haya un placer —están teniendo dificultades tremendas, vienen a psicoterapia, han pensado divorciarse, tal vez ésa es la última oportunidad que tienen para arreglar las cosas como pareja—, pero tienen el deseo de estar juntos y recuperar el placer que han perdido.

SERGIO De estas parejas que tienen el deseo de recuperar eso que se ha perdido, ¿qué porcentaje se salva como pareja y qué porcentaje se pierde?

MARIO Depende de varios factores. Depende de lo largo —lo crónico, como decimos en medicina— de su caso. Crónico, en medicina, es un problema que se presenta más de seis meses. Un problema agudo es el que se presenta entre cero y tres meses.

Una pareja que ha tenido problemas durante los últimos tres meses, puede decirse que tiene un problema agudo. Y una pareja que tiene un año, dos años con dificultades, tiene un problema crónico. El factor de cronicidad es un mal dato. Es más fácil ayudar a que se solucione un problema agudo. Una insatisfacción o malestar crónico, en cambio, ya se ha tornado una especie de mecánica, de dinámica, de hábito.

Otro factor es la edad de la pareja: cuánto tiempo llevan juntos. En términos generales, una pareja con menos tiempo es más fácil que se disuelva, porque no hay tantos compromisos. Sin embargo, en una pareja así, muchas veces hay más ganas. En otra pareja con más años, 10, 15, 20, hay más que perder, hay más compromiso, pero también puede haber menos vínculo, puede haber más aburrimiento, más cansancio.

Es muy variable, yo creo que a las parejas que lo son siempre les va a ir bien, incluso si se separan. ¿Qué quiero decir con esto? Que no necesariamente para ser pareja hay que vivir juntos.

SERGIO ¿Eso no es un requisito de una pareja?

MARIO No. Una pareja puede no vivir junta, no compartir el mismo techo y ser pareja. De hecho, hay mucha gente que se quedó estacionada con una pareja a los 20 años y no ha tenido otra, a pesar de que se haya casado tres veces, por decir algo.

SERGIO Se han casado tres veces con otras personas, pero sólo han tenido una pareja. Han tenido otros esposos, otras esposas, otros matrimonios, ¿pero sólo una pareja?

MARIO A veces así ocurre. Por eso se habla de *parejas*. Hay una forma de ser en pareja que es de cada quien, aunque todas comparten las características de las que hemos estado hablando.

I guess it's true that not
every match burns bright
I guess it's true
not all that I say is right
(...)
I'm told in the end
that none of this matters
All couples have troubles
and none of this matters.

—LOU REED, *Tatters.*

La terapia de parejas

SERGIO Podríamos hablar entonces de terapia de *parejas*. ¿Está mal el nombre de su especialidad?

MARIO Está muy mal, porque la implicación de decir "terapia de pareja" es que hay una pareja, o un modelo de pareja que es el bueno, y no es así. El cómo se vive el erotismo y cómo se vive el placer de estar con el otro es de cada pareja.

SERGIO ¿La pareja es una meta en sí misma o la meta es la familia?

MARIO ¿En nuestra sociedad? Pues hoy en la mañana leí un artículo en el periódico que decía que en Nuevo León se está promulgando la creación de una especie de Instituto de la Familia. Digo esto porque lo que le interesa a la sociedad no es la pareja, es la familia, por muchísimas razones que ya iremos viendo. De hecho, mi sentir es que la sociedad va en contra de la pareja, y en favor de la familia. La sociedad dice que hay que mantener una familia, cueste lo que cueste, no importa que no sean pareja; el asunto es que permanezcan como familia.

SERGIO Entonces la familia está valorada socialmente por encima de la pareja.

MARIO Claro. Basta oír a la señora Fulanita decir: "me he quedado en este matrimonio horrible por mis hijos". O el señor que está resentido por mantener a su mujer y a sus hijos los últimos 30 años. Ese señor lo hace todo por sus hijos, no por su mujer, ni siquiera por él mismo.

Será que no me queda amor en la conciencia,
Ni pizca del amor tomado como ciencia,
Al menos no el amor que tanto me pintaron
Mucho antes que nosotros lo hubiésemos pintado.

—JAIME LÓPEZ, *Muriéndome de sed.*

Ser pareja es un acto subversivo

SERGIO Entonces, lograr una pareja que cumpla con la definición de tal, en la que haya placer y erotismo, ¿es un acto que podría ir en contra de la sociedad? ¿La pareja es un acto de subversión?

MARIO Ser pareja es ser subversivo casi por definición.

SERGIO Eso es lo que me parece interesante, porque siempre he pensado que ser pareja es un acto convencional y no subversivo, y eso me molesta como individuo. No quiero pertenecer a la masa. Hay gente que está muy contenta en la masa, que Dios los bendiga, pero yo no. ¿Entonces ser pareja es un acto de subversión casi por definición? ¿Por qué?

MARIO La pareja puede no ser un acto de subversión, sino más bien de conformismo social, cuando precisamente los miembros de la pareja, habitualmente veinteañeros, se emparejan y viven la versión Televisa o TV Azteca de enamorarse, apasionarse y luego casarse, siguen un guión social, más acotado y más reglamentado mientras más alta sea la condición social. Hay reglas de pertenencia al club, de expectativa; hay más cosas materiales en juego, por lo que todo está más reglamentado. Estos jóvenes lo que están haciendo es vivir un guión que no han escrito ellos. Lo ha escrito alguien más. Yo estoy convencido de que viví un guión que no era mío con mi primer matrimonio. Tuve un segundo matrimonio con la misma historia, desde ese punto de vista. Quizá más sofisticado, con lecturas de Simone de Beauvoir y cierto feminismo, perspectiva de género, en fin, más sofisticado. Pero a final de cuentas seguía sin ser mi guión.

No estoy aquí pretendiendo que yo viva aislado de lo social. Pero era acrítico, aceptaba y no ponía en tela de juicio nada; en esa medida era y soy convencional.

Creo que después de los 50 años empecé a escribir mi propio guión, de una manera más propia. Y aun así hay y hubo una serie de convencionalismos. Quiero pensar que mi pareja o que el ser pareja es subversivo en sí.

SERGIO La pareja que vive un guión que no le pertenece es un concepto aterrador: una vida que no es mi vida.

Lo primero que me viene a la mente es *Casa de muñecas* de Ibsen. Sería la telenovela perfecta, de no ser porque Nora se va de casa. Al final las cosas se arreglan, ella podía seguir casada con su marido guapo que la ama, y que provee, y con sus hijos güeritos en esa casa preciosa. Pero en vez de eso decide largarse. Eso rompe con el guión que estaba viviendo, es un acto poderosísimo a nivel teatral, con una vigencia aterradora. La mayoría de la gente sigue leyendo y viendo *Casa de muñecas* y sigue pensando que Nora está equivocada porque decide dejar a sus hijos, ¿y qué madre deja a sus hijos?

MARIO "Madre desnaturalizada, ni las leonas dejan a sus hijos", diría cualquier comadre o cura pueblerino.

SERGIO Exacto. Cuando se estrenó *Casa de muñecas* se subieron a golpear a la actriz. En cambio, hay una versión mexicana con Marga López, en la que al final Nora regresa en Navidad y le abren las puertas de casa y el marido está arrepentido y cenan felizmente, lo cual es destruir la obra completa.

Pero entonces vivir en pareja puede ser un acto subversivo. Y si lo es, ¿por eso es tan difícil mantenerla? ¿Porque va en contra de la sociedad?

MARIO Sí, claro. Los grandes amantes de la historia se mueren. El desafío es demasiado, la subversión es demasiada. Desde los amantes más famosos de la historia, Romeo y Julieta.

SERGIO Pero su amor agrede a la sociedad. Pienso en la película *Malena*, con Mónica Bellucci, acerca de una mujer que es tan bella que todos la odian. El amor de Romeo y Julieta es tan bello y tan puro que debe ser exterminado. Y sí, se mueren.

PARA SABER MÁS...

Henrik Ibsen (1828-1906) Dramaturgo y poeta noruego. Sus obras fueron consideradas escandalosas por la sociedad de su época, pues en ellas cuestiona los modelos de familia y sociedad dominantes. Sigue siendo uno de los autores más representados en todo el mundo. Algunas de sus obras más importantes son *Casa de muñecas, Peer Gynt, Un enemigo en el pueblo* y *El pato silvestre*.

Yo era un niño, una niña ella,
en ese reino junto al mar,
pero nos queríamos con un amor
    que era más que amor,
yo y mi Annabel Lee,
con un amor que los serafines del cielo
nos envidiaban a ella y a mí.

—EDGAR ALLAN POE, *Annabel Lee.*

El guión de telenovela

MARIO   Los amantes, incluso aquellos que siguen el guión televisivo, hay un momento en el que están verdaderamente fascinados uno con el otro y crean un espacio fuera del mundo, en donde son perfectamente autosuficientes, no necesitan de nada más. Y eso produce una envidia y una bronca terrible en todos los que no estamos en esa condición.

        Además, la gente satisfecha amorosamente, eróticamente, sexualmente, es muy peligrosa porque no obedece. En cambio, la gente que está insatisfecha, que está necesitada, puede ser manejada, puede ser manipulada.

SERGIO   Ya dijimos que pareja no es igual a matrimonio, ¿pero pareja sí es igual a amor?

MARIO   Si una pareja comparte un erotismo que diseña y vive a su manera, cuyos integrantes viven preocupados uno por el otro, favoreciendo de todas las maneras posibles su bienestar y su crecimiento, creo que sería la esencia de lo amoroso; entonces en esa pareja hay amor. Pero, claro, el amor es todo lo que la gente cree que es. Pero esa vinculación y ese conjunto de acciones que definirían lo amoroso se vive al estilo de cada quién. Entonces, ¿pareja es igual a amor? Sí, desde ese punto de vista.

SERGIO   Si en una pareja uno de los dos deja de amar, ¿se acabó la pareja?

MARIO   Se acabó la pareja. No se acabó el amor en aquel que ama, pero se acabó la pareja, dado que el otro no comparte ese sentimiento, ya no es recíproco.

99 *We were just too greedy, baby. That was all.*
—**PETER COYOTE, después de matar a su pareja,
Emmanuelle Seigner, y antes de suicidarse, en Luna
amarga de Roman Polanski.**

SERGIO Todas las parejas felices forman un mundo aparte. ¿Qué pasa cuando ese mundo aparte tiene que convivir con la sociedad? Recuerdo claramente a Mickey Rourke en *Nueve semanas y media*, cuando Kim Basinger le dice que lo quiere llevar a una reunión para que conozca a sus amigos. Por respuesta, Mickey Rourke azota la frente contra la mesa, como si se hubiera desmayado y niega con la cabeza en actitud de "no voy a convivir con nadie, somos tú y yo y nadie más". Ese momento es el principio del fin. ¿Quién tiene la razón ahí?

MARIO El anhelo de cualquier amante cuando está en la plenitud amorosa es el de estar a solas con el ser amado. La gente les estorba. Los amantes se dicen cosas como: "Quisiera comerte", "Quisiera morirme en este momento", "No me cambio por nadie". Y el dolor que se siente cuando uno tiene que dejar a la amada, aunque sea momentáneamente, es desgarrador.

Eso dura poco tiempo, porque si una pareja se aislara y efectivamente viviera ese idilio fuera del mundo terminarían por odiarse. De vernos tanto o de estar tan aislados nos agotamos, porque hay pocas cosas que puedan seguir nutriendo el amor así, fuera del mundo. Entonces empieza a haber cansancio, hartazgo, fastidio, porque el otro ya no es tan misterioso, ya no hay tanto por descubrir. Empieza a haber esta especie de rutina, esa cotidianeidad que termina por consumirse en sí misma.

La única alternativa sería matarnos o suicidarnos o hacer algo antes de que empiece la debacle, el cansancio.

SERGIO ¿Y qué pasa cuando la burbuja se rompe y la sociedad entra?

MARIO O la sociedad entra o uno se sale un poco de la burbuja. Entre otras cosas, porque hay que vivir, ¿no? Hay que vivir otras situaciones y hay que buscarse la vida también. Necesariamente hay que salir. O la sociedad misma irrumpe. Pero creo más bien que uno se sale de esta esfera, aunque no siempre al mismo tiempo, no siempre en el mismo sentido y de la misma manera. Alguno de los dos lo resiente. Alguno de los dos dice: "*prefieres* tal o cual cosa que estar conmigo", por ejemplo.

Lo que quiero decir es que ese estado pasional, de fusión, de continuar así, sólo puede terminar mal. En el aburrimiento, en el cansancio, en el fastidio, en el suicidio o en el homicidio. Hay que salir, no hay de otra. Hay que salir y regresar. En un plan ideal, salgo para nutrirme y enriquecerme para seguir alimentando a la pareja, que necesita algo más que yo mismo. O sea, yo requiero lo social, lo cultural, para poder seguir con esta mujer u hombre. Pero el sentido sería: salgo para regresar. Y no quiere decir que el mundo no me importe, sino que tomo lo que me hace falta para alimentar la vida de pareja, pero también estoy en el mundo.

Like Michael Jackson in Disneyland,
Don't have to share it with nobody else,
Lock the gates, Goofy, take my hand,
And lead me through the World of Self.
Splendid Isolation, I don't need no one.

—WARREN ZEAVON, *Splendid Isolation.*

El "proyecto común"

Sergio ¿Una pareja debe tener un proyecto en común?

Mario No. Eso es una jalada. El único proyecto común que yo creo que puedo tener con mi pareja, en donde los dos tenemos el mismo interés, es que la vivencia como tal sea placentera; ése es el proyecto.

Sergio ¿Ése es el proyecto, la pareja en sí misma?

Mario La pareja en sí misma. Fuera de eso, lo que yo estoy haciendo ahora contigo, Sergio, y lo que esté haciendo mi mujer con alguien más, en donde esté, es su proyecto y son sus cosas que yo apoyo y entiendo —y a veces ni apoyo ni entiendo—, pero ése es su boleto, del cual se nutre para alimentar, en cierta medida, este asunto de la pareja.

   El proyecto más importante para mí a estas alturas de mi existencia es mi vida en pareja. Prácticamente todo está subordinado a eso. Hace 20 años no era así. Era más importante la carrera, eran más importante equis número de proyectos o de metas que la pareja.

Sergio Entonces se es mejor en pareja con los años, habiendo tenido otras parejas y habiendo cumplido con proyectos individuales previos. Uno, si es pleno como individuo, llega mejor a una pareja.

Mario Sí, definitivamente.

Sergio Y entonces, ¿cómo está esta extraña paradoja de que uno se enamora más cuando está menos pleno como individuo? Si yo llego pleno a una pareja, ¿no voy a estar tan enamorado como cuando estaba jodido y me apasioné?

MARIO A ver, primero una acotación: cuando yo expresaba que hoy por hoy mi proyecto fundamental es mi vida de pareja, no quiere decir que ese proyecto sea mi mujer; no es ella, es lo que tenemos entre los dos. De hecho, si ella desapareciera, lo más probable es que yo intentara volver a emparejarme. No es un asunto de miedo a estar solo. Es una forma de ser, es un terreno que me gusta explorar, es un terreno que creo que es muy importante que los seres humanos exploremos y vivamos.

Hay una mentalidad que surge en los años setenta y que persiste hasta nuestros días, en la que se supone que la salud mental está en la capacidad de ser autónomo, de ser individual, de andar por el mundo y no depender. Yo, por el contrario, creo que la salud mental o el equilibrio mental va más bien por el lado de compartir, de saber vivir en pareja o de saber vivir con los amigos, con la gente, no de tener una especie de "aislamiento glorioso", de autonomía, de "no necesito a nadie".

Para vivir la pareja de la manera que creo resulta más interesante, positiva, tranquilizadora y satisfactoria, se requiere haber cumplido una serie de metas o logros individuales. Se necesita estar más pleno. Ahora, tú dices, si estoy tan pleno, entonces no me enamoro igual. No estoy necesitado, ¿para qué quiero una pareja? Lo que pasa es que cuando uno está jodido la pareja suplanta o sustituye todos esos logros individuales. Dicho de otra manera; uno espera que la pareja produzca la satisfacción que debió haber producido el logro. Digamos que le voy a reclamar a mi mujer si no logré ser un profesionista exitoso. "No lo soy por ti" o "No llegué a serlo por ti" o "Si no lo soy, tú satisfáceme, tú cubre esa necesidad, tú dame".

Si estoy muy pleno, entonces, ¿para qué necesito una pareja? Por eso, estar en pareja no es una sustitución de nada, es lo que es.

SERGIO Entonces, si la pareja es un fin en sí mismo, es como cuando alguien me pregunta que para qué hago teatro. Para satisfacerme a mí mismo en primerísimo lugar; todo lo demás no me interesa. Sí me interesa, por supuesto, conectar con la gente, me gusta mucho que la gente se conmueva si ve una de mis obras de teatro, me gusta que vayan muchísimas personas a ver mis obras, pero lo que está hasta arriba es que me satisface, es un placer en sí mismo, es un fin en sí mismo. Pero hay gente a la que no le interesa el teatro. ¿Puede alguien no estar interesado en la pareja y vivir feliz?

MARIO Sí, sí se puede.

There's a crazy mirror showing us both in 5-D
I'm laughing at you you're laughing at me
There's a room of shadows that gets
    so dark brother
It's easy for two people to lose each other
    in this tunnel of love.

—BRUCE SPRINGSTEEN, *Tunnel of Love.*

Ser feliz sin pareja

SERGIO Es decir, ¿no es necesariamente bueno estar en pareja? ¿No es necesario para ser feliz?

MARIO Yo creo que no es necesario. Pero digamos que es uno de los dispositivos o mecanismos sociales más interesantes, potencialmente, para expresarse. ¿A qué me refiero? Yo me siento muy a gusto con mi capacidad para escuchar música, y a mi pareja, que tanto quiero, me gusta mostrarle lo que a mí me parece estupendo. A ella puede gustarle o no, puede interesarle o no, y mi idea es simplemente mostrárselo de la manera más cariñosa, afectuosa e interesada; me encantaría que le gustara tanto como a mí, me daría mucho placer. ¿Pero qué tal si no le gusta?

SERGIO Pues depende de qué tan importante sea para usted.

MARIO El punto está en que si no le gusta, ¿cómo le hago para no sentirme decepcionado ni enojado? ¿Cómo le hago para respetar eso o cómo le hago para que al tratarle de contagiar mi gusto lo importante sea el intento y no el resultado? Lograr eso es lo que yo considero como amoroso. Quedarme con mi capacidad de escuchar a María Rita solito, me encanta hacerlo, de hecho, lo hago. Pero me interesa mostrárselo.

SERGIO Pero también es importante la respuesta que uno obtiene, ¿no? Hace poco me encontré a un amigo en un concierto de Bruce Springsteen. Yo iba solo y él iba con su novia. Él pudo haber llevado a su novia o a una lata de sopa Campbell's, porque el concierto le hubiera conmovido igual. Luego me los encontré en el aeropuerto y comprobé que a ella le parece incomprensible y hasta un poco ridícula la pasión de él por Bruce Springsteen. Eso debe ser muy frustrante.

MARIO Conforme ibas elaborando ese planteamiento yo empecé a asustarme, porque creo que pude anticipar un poquito hacia dónde ibas. Ahora yo te podría decir: "no importa que a ella no le interese; lo que vale la pena es el esfuerzo. La frustración no tiene importancia". Pero lo pensé y claro que importa, porque uno no quiere un vacío, uno espera cosas a cambio, y si no llegan en áreas importantes —Bruce Springsteen, el teatro, mi lectura, María Rita—, si sistemáticamente no pasa nada del otro lado, me voy a agotar. Igual le pasaría a ella si yo no comparto, me entusiasmo o por lo menos me agrada lo que me brinde.

SERGIO Entonces, tener cosas en común es muy importante. Sin embargo, las parejas muy parecidas terminan hartándose también por eso mismo. Los que se encuentran a alguien muy similar a ellos primero se entusiasman muchísimo: "Qué maravilla, es igual que yo, soy yo en mujer". Y luego eso mismo es lo que los harta, porque oyen cosas que ellos dirían en boca de la otra persona y eso es horrible. No hay para donde hacerse.

MARIO De repente, no.

SERGIO Es importante tener ese complemento, porque uno no puede amar en vacío, pero incluso si uno tiene cosas en común, eso tampoco lo es todo.

MARIO Creo que uno espera demasiado, Sergio. Esto tiene una implicación de filosofía de vida, en el sentido de que los seres humanos tenemos que considerar que esta existencia tiene un montón de aspectos insatisfactorios, incompletos, frustrantes, incómodos, y que de ninguna manera uno está en este planeta para ser feliz como tal, pero puede intentarlo, por supuesto. Y alguien dice —y estoy de acuerdo— que toda felicidad es postrera. O sea, siempre es en tiempo pasado. Es decir, me doy cuenta ahora de cuán feliz estuve, pero no me di cuenta cuando lo estaba. ¿He de contar con cierto nivel de insatisfacción, frustración y amargura en todos los ámbitos de mi vida? Sí. No voy a tener una amistad perfecta ni voy a tener una profesión perfecta, ni los padres ni los hijos, nada. Yo mismo vivo, de una u otra manera y por temporadas, en guerra conmigo, no estoy satisfecho ni siquiera conmigo mismo.

Luego entonces, vivir en pareja implica una dosis de frustración e infelicidad, en la mejor de las parejas.

SERGIO ¿Necesariamente?

MARIO Necesariamente.

SERGIO ¿En cualquier pareja hay frustración e infelicidad?

MARIO En cualquier pareja.

SERGIO ¿En la mejor de las parejas?

MARIO En la mejor.

SERGIO ¿Usted en su pareja tiene frustración e infelicidad?

MARIO Por supuesto. Frustración e infelicidad que nunca han sido, hasta este momento, lo suficientemente intensas ni duraderas como para que yo cuestione esa vida en pareja. Es una frustración que acepto y que trato de modificar. Porque sé, o asumo, o mi pareja me dice que le pasa algo similar y también trabaja un poquito en esto, y ése es el proyecto, ¿me explico? Es un *work in progress* todo el tiempo, es un proceso, no es algo acabado en varios planos.

Lo típico: el grado de excitación que yo experimentaba con mi pareja al inicio de la relación, ¿se parece al de años después? No. ¿Es mejor? Sí. En términos de excitación no; en términos de calidad es una experiencia más completa de lo que era en un principio, cuando estaba más centrado en la excitación. Ahora hay más de ternura, comprensión, cercanía. Es más completo. ¿Menos excitante? Sí, a veces. Pero otras veces más excitante que al principio, incluso. Y eso es algo con lo que puedo a estas alturas. Seguramente no podía o no pude con eso a los 25 o 30 años. El desencanto o la atenuación de la excitación erótica a los 26, 27 años para mí eran lo central. Entonces, el día que yo me aburría de mi pareja en ese plano, se acababa el asunto. Hoy no se acaba.

Creo que la vida de un ser humano es un proceso todo el tiempo. Uno está en movimiento continuamente. Nunca está terminado. Aunque muchísimas personas que yo conozco, amigos míos, pararon. No se metieron en nada nuevo por ahí de los 30 años. Toda su vivencia, toda su vida es póstuma. Se murieron hace 30 años o 20, 10 o 15. En sus vidas dejó de haber exploración y cambio, y dejó de haberlo por suponer que —como hemos supuesto muchos— "ya me casé y ahora lo que sigue es ser feliz en versión Televisa". No, ahí empieza el asunto.

A final de cuentas, ¿qué quiero decir? Que esto de la pareja es un proceso. Todo el tiempo. Un proceso en donde va a haber frustración. ¿Y esa pareja se puede romper? Sí. Cuando la frustración es mayor que la satisfacción como pareja.

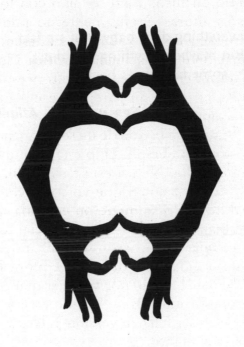

Everything dies, baby, that's a fact
But maybe everything that dies
someday comes back.

—**BRUCE SPRINGSTEEN,** *Atlantic City.*

La pareja tiene fin

SERGIO Uno no puede, por lo que estoy concluyendo, entrarle a la vida en pareja pensando que va a durar para siempre y que va a ser eternamente feliz. Es más, incluso estoy pensando que uno debe entrarle a la pareja pensando que se va a acabar.

MARIO Sí, eso sería muy sano.

SERGIO Usted mismo me ha dicho: "hasta la mejor pareja del mundo se acabará", porque alguno de los dos, eventualmente, se va a morir. Pero entrarle pensando que se va a acabar es muy difícil, ¿eso se puede? ¿Y hasta qué punto es aconsejable?

MARIO Mira, tú recordarás al famosísimo don Juan Matus. Él decía que uno vive como si fuera inmortal, como si nunca se fuera a morir. Y decía que uno habría de actuar como si cada acto fuera su última batalla sobre la tierra. Eso le daría una intensidad importante a la vida. Si uno nunca se va a morir, entonces todas las cosas se pueden posponer, o no vivir, o vivir medianamente.

Si yo le entro a la pareja sabiendo que se va a acabar, en cincuenta años o en seis meses, creo que eso sería muy excitante, muy interesante. Porque entonces vamos a vivir en serio, vamos a disfrutar las cosas en la medida de lo posible, no vamos a perder el tiempo en tonterías. Si una pareja va a durar siempre, ¿para qué arreglar las broncas?

Cioran aseguraba que la idea del suicidio siempre le había ayudado a vivir. Sabía que en cualquier momento podía negarse a seguir, y eso le daba aliento, sabiendo que tenía el boleto de salida en la mano. Es la idea misma con la muerte: todos nos vamos a morir, sí. Pero se puede estar aterrado con la posibilidad o sacarle todo el jugo posible a la vida. Yo creo que es preferible esto último.

En pareja, somos muchos los que hemos vivido aterrados de que ésta se termine. Que el otro me deje, que tronemos. Y esto implica una rigidez terrible con la misma pareja: "no te muevas, no cambies, no se vaya a acabar, no me vayas a dejar, vivo o muerto, qué susto que se acabe".

SERGIO Don Juan lo aclara: una cosa es saber que te puedes morir en cualquier momento y otra es tenerle miedo a eso. Tenerle miedo a la muerte es morir mil veces. En cambio, saber que uno va a morir es vivir.

MARIO Es en la plenitud del enamoramiento, que es una de las experiencias más intensas que existen, cuando uno dice: "pues me voy a morir". Como que uno es muy consciente de que es una experiencia límite: "no me quejaría si me muriera en este instante, precisamente porque lo vivo con tal intensidad". Es una actitud interesante.

PARA SABER MÁS...

Émile Cioran (1911-1995). Pensador rumano, quien no se consideraba un filósofo en el sentido tradicional del término. De actitud pesimista y provocadora, fue en contra de lo establecido y el dogmatismo. Con un pensamiento a contracorriente, en el que el cinismo y el nihilismo extremos tienen un lugar importante, escribió varios libros aforísticos donde la amargura es sublimada por la ironía.

Carlos Castaneda (c.a. 1930-1998) Escritor peruano que publicó —por primera vez en 1968 en inglés y en 1974 en español— *Las enseñanzas de don Juan: Una forma yaqui de conocimiento*. El libro fue presentado como una obra de antropología y narra las vivencias del autor junto a un supuesto chamán yaqui del estado de Sonora llamado Juan Matus. La veracidad de los hechos relatados, al igual que la del resto de la obra de Castaneda, ha sido fuente de polémica, generalmente considerándose un ejemplo de literatura new age o un simple caso de engaño.

MARGE:
Heck, Norm, you know we're doin' pretty good.

(Norm murmurs)

NORM:
I love you, Margie.

MARGE:
I love you, Norm.

*Both of them are watching the TV as Norm
    reaches out to rest a hand on top of her stomach.*

NORM:
... Two more months.

Marge absently rests her own hand on top of his.

MARGE:
Two more months.

Hold; fade out.

—ETHAN Y JOEL COEN, *Fargo.*

Hay que aprender a ser pareja

SERGIO Hemos hablado de experiencias y de logros como individuos, diciendo que de esa manera se llega a la pareja en condiciones más óptimas para que funcione. Pero esto no quiere decir que alguien más sofisticado tenga posibilidades de emparejarse mejor, ¿o sí? Lo digo pensando en las películas de Bergman; todos los personajes leen, todos van a la ópera, todos saben los prodigios que oculta *La flauta mágica* de Mozart, hablan siete idiomas y se visten exquisitamente. Y al final, el marido se acaba madreando a la esposa como si vivieran aquí en Chimalhuacán.

Por otro lado, pienso en personas que se casaron a los 18 años y que por lo menos dan la apariencia de ser felices, y de ser pareja. Hay gente sabia de por sí, independientemente de su nivel de sofisticación. ¿Se necesita tener una cierta inteligencia para ser pareja? O más bien, creo que la palabra es *talento*. ¿Es una cuestión de talento?

MARIO Sí. Hay que saber ser en pareja. Y estar. Yo creo que eso es algo que se va aprendiendo. No que se dé de una vez por todas. Hay gente muy afortunada que le pega a la primera. A los 18 años se emparejó, y sigue 70 años después. Pero eso es excepcional. Lo habitual es ensayar mucho. Esto no quiere decir que uno deba tener 20 parejas para ser más talentoso o más hábil. Lo que quiero decir es que uno aprende o habrá de aprender, en el sentido estricto del término.

El aprendizaje, en términos psicológicos, es la modificación de la conducta, de lo que haces como resultado de la experiencia. Hay gente que comete los mismos errores con las diferentes parejas que tiene. Es decir, no aprendió nada. ¿Por qué? ¿Porque es limitado? No creo; a lo mejor no hay suficiente apertura o no toma en cuenta una serie de factores, o está empecinando en un determinado modelo que él ni siquiera escribió y por eso no aprende.

Pero los que sí aprenden lo hacen porque le dedican tiempo, esfuerzo y disciplina a saber cómo estar, o ser o tolerar, entender o comprender a la otra o al otro, sin esa idea del amor como algo pasivo que simplemente le ocurre a uno, "me cayó encima Cupido", "el amor me poseyó", y no entender que el amor es algo que uno crea y construye. Amar, al ser un verbo, es una cosa más activa. Recordemos que los verbos denotan acciones. Cuando creemos que "el amor" es un sustantivo y sabemos que los nombres o sustantivos sólo denotan cosas o regiones, una mesa, una coca-cola, México, Francia, estamos perdidos y se entiende que nos sintamos víctimas pasivas del "amor" y no actores protagónicos, responsables, del verbo amar.

SERGIO Los hermanos Coen, expertos en lo más retorcido del ser humano, hicieron su broma máxima en aquella película llamada *Fargo*. Casi todos los personajes de la película son seres que no merecen ser llamados humanos; son unas bestias despreciables: un tipo que manda secuestrar a su propia esposa para darle una lección a su suegro. El suegro, que es una basura, y dos secuestradores que además de malas personas son malos secuestradores, lo cual los hace todavía más odiosos.

Y en medio de todo ese horror está una policía embarazada y su marido, un gordito pelón. Lo que hay entre ellos es amor verdadero. Son una pareja muy feliz. Ella está esperando un hijo de este gordito que por las mañanas se levanta a hacerle de desayunar. Y como es una película de los hermanos Coen, uno está esperando a ver en dónde está el horror, dónde está la miseria. No la hay. Se aman.

Yo cada vez que hablo de esta pareja de *Fargo* me conmuevo. Creo que nunca he tenido una pareja. Usted que me conoce, dígame, ¿alguna vez he tenido una pareja?

MARIO Momentánea.

SERGIO Momentánea, sí.

MARIO Sí, como de fuego artificial. Es que es una chamba, Sergio. Tener una pareja es un trabajo. Estos seres de *Fargo* no tienen nada que ver con la imagen idealizada, glorificada de los amantes sofisticados, suecos.

SERGIO No. Viven en un pueblucho de Minnesota. Ella es policía y él, en sus ratos libres, pinta aves. Ella le lleva lombrices para que pesque y él, a la mitad del día, le lleva de comer Arby's. Yo comería Arby's toda mi vida si así fuera comer Arby's. Lo que hay entre ellos hace que las hamburguesas de Arby's se conviertan en caviar.

MARIO De eso se trata, precisamente. Esta dimensión de trabajo, no de sacrificio, sino de relevancia del otro. Hay ciertos detalles que al final son lo que cuenta: llevarle de comer a tu esposa y que te lleve tus gusanos para que pesques. Probablemente eso se extrañe más y cuente más, a la larga, que la pasión brutal del inicio de una relación. Y cuenta más, porque la construcción de lo amoroso es a largo plazo.

Insisto, es un *work in progress*. Un proyecto que implica tiempo, dedicación, disciplina, respeto por el otro, cuidado, responsabilidad. Me estoy poniendo casi frommiano, porque esas son categorías de *El arte de amar* de Erich Fromm.

Uno difícilmente se identificaría con una pareja como la de *Fargo*. Sobre todo a ciertas edades. A los muy jóvenes les debe parecer aburridísima una pareja así. Prefieren identificarse con Jennifer López y su galán en turno…

Sin embargo, a cualquiera conmueve una pareja como la de *Fargo*. Recuerdo una frase de Miguel de Unamuno acerca de su mujer: "no la quiero como la quise hace 50 años, pero cuando a ella le duelen sus piernas, a mí me duelen las mías".

Esos viejos que se cuidan, se acompañan y se quieren, son conmovedores. Esos que han hecho la vida juntos y que han experimentado juntos. Es una chamba.

¿Qué tan conscientes son de esto? ¿Qué tan plenos se pueden sentir de ser así? A lo mejor ni se lo preguntan. Volviendo a los de *Fargo*, viven una vida en común que no se entiende sin el otro, sin ese específico otro. Si en un momento dado ese otro muere o se va con alguien más es dolorosísimo, pero eventualmente se vuelve a estar en pareja con otra persona.

SERGIO De hecho, la vida de la mujer policía está en peligro varias veces en la película y yo me imagino que si de pronto alguno de los matones le pega un tiro, por supuesto que su marido estaría devastado. Pero se volvería a emparejar, me queda claro, si no se lo lleva la tristeza y sobrevive —porque se puede morir de tristeza— pero si no, probablemente se vuelva a emparejar.

MARIO En una relación como la de ellos, no es que la vida de uno sea más importante que la del otro, pero esa vida que comparten juntos es muy importante.

SERGIO Entonces lo más importante no es el otro, sino lo que hay entre los dos, eso es la pareja, ese algo invisible que hay entre los dos.

Mario Exacto, esas ganas y ese gusto por estar, esa cachondez, ese erotismo.

Sergio Y ya que hablamos de parejas de ancianos, entiendo que para muchos de ellos la sexualidad se terminó hace tiempo, pero sigue habiendo erotismo.

Mario Claro. Hay un juego, una capacidad de excitación que no necesariamente es sexual.

Para saber más...

Joel David Coen (1954) e **Ethan Jesse Coen** (1957). Profesionalmente conocidos como los **hermanos Coen**, son cineastas estadounidenses de ascendencia judía. Han ganado el premio Oscar cuatro veces, y son autores de comedias como *Raising Arizona, The Hudsucker Proxy, O Brother, Where Art Thou?; Burn After Reading;* de películas de cine negro como *Miller's Crossing, The Man Who Wasn't There, Blood Simple, No Country for Old Men,* y también de películas en las que ambos géneros se mezclan (*Fargo, The Big Lebowski, Barton Fink*).

Erich Fromm (1900-1980). Psicoanalista, psicólogo y humanista estadounidense de origen alemán. Fue miembro del Instituto de Investigaciones Sociales de la Universidad de Frankfurt, y participó en la primera fase de las investigaciones interdisciplinarias de la Escuela de Frankfurt, hasta que a fines de los años 40 rompió con ellos debido a la interpretación heterodoxa de la teoría freudiana que desarrolló dicha escuela, con la que se intentó sintetizar en una sola disciplina el psicoanálisis y los postulados del marxismo. Fromm fue un gran renovador de la teoría y práctica psicoanalítica del siglo xx.

Miguel de Unamuno (1864-1936). Escritor y filósofo español. En su obra cultivó gran variedad de géneros literarios. Perteneció a la generación del 98.

I loved you for a long, long time
I know this love is real
It don't matter how it all went wrong
That don't change the way I feel.

—LEONARD COHEN, *Ain't No Cure for Love.*

La pareja es un misterio

MARIO Con el ejemplo que pones de *Fargo*, me vino a la mente otra pareja de cine. La de *Escenas de un matrimonio* y su secuela 32 años después: *Sarabanda*, ambas de Ingmar Berman. Me da la impresión de que esos dos se aman profundamente, pero han sido diferentes o egoístas, o ha andado cada uno en su onda, o ha habido un desencuentro, o han vivido guiones de esa sociedad sueca tan sofisticada. Quiero suponer que él (Erland Jösephson) no comparte un erotismo muy sofisticado con su mujer (Liv Ullman) porque ella está en periodo de crianza, muchas veces está cansada. Y él es un profesor exitoso.

Entre paréntesis, habrá que decir que quienes realmente tienen vida sexual después de los 40 años son los profesores universitarios, con sus alumnas y alumnos. Y claro, Liv Ullman está metida en otro rollo, y quizá le estorbe ese erotismo tan exacerbado de su marido. Entonces hay desencuentros, se cansan y encuentran otra gente más interesante en un momento dado. Digamos que esos dos no supieron ser pareja. Pero yo creo que siempre lo fueron en algún plano, pero con periodos muy largos de desencuentros.

SERGIO Dos personas se pueden seguir amando sin ser pareja.

MARIO Sí.

SERGIO Pero, ¿pueden vivir separados, hacer familia con otras personas y seguir siendo pareja?

MARIO Ésa es muy buena pregunta.

SERGIO Es que en *Sarabanda,* esos dos se vuelven a encontrar muchos años después. Él tuvo hijos con otra mujer y hasta una nieta. Pero se reencuentran y parece que se habían visto el día anterior.

Ahora, esa pareja está basada en una pareja de la vida real, la de Bergman con la propia Liv Ullman. Ambos tuvieron muchos matrimonios posteriores, ¿pero tal vez no tuvieron otras parejas?

MARIO ¿Cuál será la diferencia de edades entre Liv Ullman e Ingmar Bergman? ¿Veinte años?

SERGIO Veinte exactos.

MARIO Yo me imagino que ellos deben haber vivido todas las modas. Desde un sistema muy patriarcal, con los roles de la vida en pareja muy establecidos, y luego, fuertemente cuestionados. Bergman nació en 1918. En los años cincuenta ya era un adulto hecho y derecho, y todo hombre de su tiempo es víctima de las modas. Sin duda tuvo la posibilidad de tener acceso a un erotismo desenfrenado, mucho más suelto que el que pudo haber tenido su padre, que era pastor luterano.

Bergman transitó por épocas en las que el erotismo evolucionó de lo represivo y victoriano de finales del siglo XIX hasta volverse algo más abierto. Liv Ullman nació en la década de los treintas. Después de la Segunda Guerra Mundial debe haber sido una adolescente.

SERGIO Digamos que estaba en el tope de su sexualidad cuando los Beatles llegaron a América.

MARIO Toda esa época hippie, la cultura del orgasmo de los setenta, todos estos factores sociales deben haber hecho que su vida amorosa haya sido muy accidentada. Ahí yo quisiera entender que Bergman y Liv Ullman fueron pareja. Se quisieron, compartieron un erotismo, pero no siempre, no de la misma manera ni con la misma intensidad.

Se fracturó su relación. ¿Porque no se querían? No creo que haya sido por eso. A lo mejor no creían que se querían. Por lo conflictivo de su relación, porque los separaron los hijos, la profesión, veinte cosas. Entonces regresan, van y vienen, y se quieren. ¿Son pareja? Yo creo que sí. Pero a lo mejor solamente pueden ser pareja así.

SERGIO Separados.

MARIO Sí.

SERGIO ¿Se puede ser pareja de alguien viviendo como pareja de otra persona?

MARIO Creo que sí.

SERGIO Entonces el personaje de Erland Jösephson es pareja de Liv Ullman incluso si no la ve hace diez años. Luego conoce a otra mujer. ¿Puede ser pareja de ella también al mismo tiempo?

MARIO Creo que en diferentes planos, sí.

SERGIO ¿Y eso no es jodido para la nueva mujer?

MARIO Pues sí, sí lo es.

Es muy importante decir, sobre esto que estás mencionando, que uno no es siempre el mismo ni es alguien concluido, hecho. Uno siempre está siendo, deviniendo, tornándose en. Para mí, por ejemplo, la pareja más importante que he tenido es la actual. A lo mejor ya estaba sospechada o configurada incluso antes de conocerla. Como que yo quería tener una pareja así. ¿Y las otras qué fueron? ¿No fueron mis parejas? Sí. Quizá no con la magnitud ni la fuerza de la actual, pero también debo reconocer en el pasado una o dos personas que, en su momento, fueron más pareja que las personas con las que estuve casado.

¿Esto quiere decir que si me las encuentro ahora habría el mismo tipo de relación? Supongo que no. ¿Entonces no estoy seguro de mi vida de pareja actual? Claro que estoy seguro. Entonces, ¿quién es mi pareja? ¿Todas? ¿Ninguna? ¿Hay una sola pareja? No.

SERGIO ¿Entonces la pareja es un misterio?

MARIO Creo que es muy difícil definirla. Hay quien dice, yo lo creo completamente, que todo lo que no es autobiográfico es plagio. Eso quiere decir que yo puedo hablar de mi vida, de mi forma de ser en pareja, pero no necesariamente va a ser igual a la de otra gente; no puedo extrapolar. Pero hay puntos en común, como los que he tratado de acotar.

La vida de una persona es todo un misterio para sí misma. En pareja el asunto se pone todavía más misterioso para ellos mismos, que son los protagonistas, y también para un testigo, que en un momento dado soy yo, en el consultorio. Hay que tenerle cierto respeto a esa parte difícil de aprehender, a ese misterio. Ni siquiera creo que valga la pena descubrirlo totalmente. Sería horrible.

PARA SABER MÁS...

Ingmar Bergman (1918 -2007). Cineasta, guionista y escritor sueco, tanto de obras de teatro como de cine. Considerado uno de los directores de cine clave de la segunda mitad del siglo xx, para muchos el más importante de la cinematografía mundial.

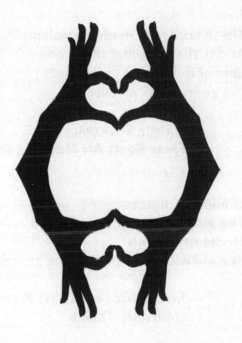

These boots are made for walkin'
And that's just what they'll do
One of these days these boots
Are gonna walk all over you.

     —NANCY SINATRA,
      These Boots Are Made for Walkin'.

Under my thumb
The girl who once had me down
Under my thumb
The girl who once pushed me around.

     —MICK JAGGER & KEITH RICHARDS,
      Under My Thumb.

El poder en la pareja

SERGIO El maestro Héctor Mendoza, dramaturgo, director de teatro, dice que cualquier relación es una relación de poder. ¿Una relación de pareja sería entonces una lucha de poder?

MARIO A veces lo es, pero no siempre. Yo entiendo poder como la capacidad de influir o determinar la conducta de el o los otros. Bajo esa perspectiva, en la relación que tengo contigo, por ejemplo, yo creo que tengo cierto poder y tú tienes también cierto poder. ¿Quién tiene más poder? Depende de las circunstancias, depende del momento.

En un plano amoroso, ¿me interesa influir sobre mi mujer para que ella haga lo que yo quiero? Por supuesto. ¿Determinarla? No estoy muy seguro; creo que no quiero el poder de ser determinante en lo que ella haga o deje de hacer. Me interesa tener una influencia importante, pero no determinarla. ¿Ella tiene poder sobre mí? Por supuesto. ¿Pero determina mis actos? Quizás algunos, pero no todos. Eso estaría mal. ¿Hay un juego de poder? Y subrayo la palabra *juego*. A veces yo determino, a veces ella. ¿A veces hay una lucha por salirnos con la nuestra, entre ella y yo, para que ella haga lo que yo quiero y yo haga lo que ella quiere? Sí.

¿Hay un desbalance a veces? ¿A veces ella es más poderosa que yo? Sí. ¿A veces soy más poderoso yo que ella? Sí. Pero, idealmente, esto va y viene. Y digo "idealmente" porque si alguno de los dos tiene el poder todo el tiempo eso va a terminar mal, va a haber resentimiento. Entonces, ¿hay un juego por definir la posición de cada quien? Sí, de alguna manera. Juego, danza. ¿Lucha? Yo creo que también la hay, pero ahí ya estamos hablando de otro asunto, estamos hablando de una pareja en conflicto.

SERGIO Pero puede ser una lucha deportiva.

MARIO A las parejas que me vienen a ver les digo que no es lo mismo luchar que bailar. En la lucha yo me opongo al otro, trato de anularlo. En el baile, en cambio, me acomodo al otro. Indudablemente, alguno de los dos está determinando de manera más importante en la conducta del otro. En la lucha también hay una determinación, pero es cansadísimo. Tener la intención de nulificar al otro, no es una cooperación, es un "chíngatelo" o "chíngatela".

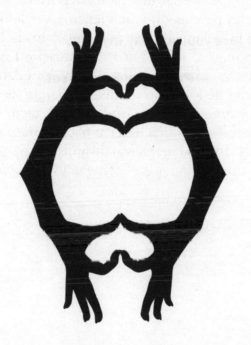

I love you, you pay my rent.

—PET SHOP BOYS, *Rent*.

Mejor estar con quien te quiera que con quien tú quieras

SERGIO Hay una frase que cada vez que oigo me dan ganas de aventarme por la ventana. Es un gran lugar común y lo usan las mujeres de mi generación; mujeres de 35 años. Es una frase feísima que dice que en una pareja siempre hay alguien que quiere y alguien que se deja querer. ¿Esto qué tan real es? ¿Qué tan malo es? Yo lo veo como algo horrible. Si es así, no quiero vivir.

MARIO Yo tampoco.

SERGIO O no quiero vivir en pareja, por lo menos.

MARIO Mira, yo creo que la inversión emocional, es decir, qué tan emocionado estoy con mi pareja, qué tanta emoción estoy dispuesto a invertirle…

SERGIO Perdón que lo interrumpa, pero quiero señalar que cuando estas mujeres lo dicen, para ellas lo ideal es dejarse querer.

MARIO Pues claro. Hablaba de la inversión emocional. Hay momentos, momentos extraordinarios, en que la inversión emocional en ambos miembros de la pareja es equitativa. Pero esta equidad no se sostiene indefinidamente. Esto se debe al tipo de actividades o compromisos que tengan ambos, en qué otras cosas o personas tienen invertido el afecto y la energía psicológica (su profesión, sus compromisos, sus papás). Simplemente, en términos de tiempo, uno de los dos puede tener más disponibilidad.

Una inversión emocional no puede ser equitativa todo el tiempo. De hecho no lo es. Y el que de pronto desplaza su inversión emocional hacia otras cosas, porque tiene que hacerlo o quiere hacerlo, pone en una posición más difícil al que sigue invirtiendo. Porque éste está invirtiendo y porque quiere que el otro vuelva a invertir. En ese momento la posición del que ha invertido más lo vuelve frágil, vulnerable. Y el que ha invertido menos tiene más control de la relación. Esto ocurre siempre en una pareja, es una especie de regla, en algún momento de la relación.

El punto es: ¿cómo le hace quien tiene más invertido para que el otro invierta? ¿Y cómo le hace el que está invirtiendo menos para invertir más o para mantener el statu quo, es decir, para que el otro siga más clavado? Este desbalance o desequilibrio de la pareja se va a dar, insisto, siempre. Esto puede durar años, meses o días. Pero inevitablemente se intercambiarán los roles, porque el que invierte más se cansa, se da cuenta de que está poniendo demasiado y frena. El otro a lo mejor no se entera al principio, justo porque ha hecho una inversión emocional menor. Pero eventualmente se va a enterar. Entonces pueden pasar dos cosas: el que tiene que invertir más es el que no invertía, o rompen.

De estar muerto de amor por alguien que no me quiere lo suficiente, a que la otra persona esté muerta de amor por mí, claro que yo preferiría, en principio, estar en la posición del *top dog*: arriba, no abajo. A no ser que uno sea consciente de eso, de que hay un desequilibrio de poder y, sin coerción, trate de equilibrar las cosas.

Hay un autor, Jürg Willi, quien propone una regla de oro para la pareja: la del igual valor. Eso quiere decir que tú vales para mí lo mismo que yo valgo para ti, me importas lo mismo que yo a ti. Pero uno no siempre se siente así.

Yo creo valer muchísimo para mi mujer y ella vale muchísimo para mí. Pero también sé que, como persona, ella es más atractiva que yo; atractiva, simpática, agradable físicamente. Entonces es una mujer que va a tener más estímulos, o sea, va a estar rodeada de gente. Yo no, o no tanto.

Y voy a tener que luchar un poco por su atención, porque me la van a distraer. En ese momento estoy ya desbalanceado. Es decir, parece que el que está queriendo más soy yo. ¿Qué me queda? Pues volverme muy encantador o muy lindo, o aprender a vivir con eso, o empiezo a chantajear, empiezo a presionar, empiezo a ejercer poder. Digamos que ella accede, porque no quiere perder la relación. ¿Pero qué costo tiene ganar ese poder?

Efectivamente, hay una fluctuación de poder, que siempre va a ocurrir. El cómo uno tramite eso, lo negocie, qué estrategias use para recuperar a la otra persona o mantener el statu quo. Se pueden tener estrategias muy jodidas, la violencia, el abuso, hasta el homicidio. O muy encantadoras: si el otro no me hace todo el caso que yo quisiera, a lo mejor le llevo sus pastelitos o su hamburguesa Arby's, y cae muerto de amor a mis pies.

De eso ha escrito mucho un señor llamado Dean Delis, quien tiene un libro muy interesante, muy práctico, que me ha enseñado mucho. Se titula *The Passion Paradox*.

La paradoja de la pasión a la que se refiere es la siguiente: en la fase de pasión-enamoramiento, los dos miembros de la pareja están igualmente apasionados, pero no van a permanecer así. Esto quiere decir algo como: "mi equilibrio, mi control emocional depende de ti y tu equilibrio emocional depende de mí pero, por una serie de circunstancias, esta pérdida de control emocional, esa dependencia, me asusta, no me conviene porque me distrae de otras cosas y freno un poquito. Al frenar, el que aún está totalmente apasionado se asusta y entonces se me va encima. Y yo me echo para atrás un poco más, y el otro me persigue y yo me echo para atrás aún más... Hasta que llega un momento en que la que estaba persiguiéndome ha perdido mucho control y se asusta. Y se retira tantito. Pero yo me sigo haciendo para atrás porque supongo que es una estrategia de ella, pero resulta que no. Entonces me asusto yo, porque podría perderla". Y entonces... ¡Sorpresa!, los papeles se invierten. Estos ciclos pueden durar días, semanas, meses o años.

Ahora, estas mujeres de tu generación son producto de los tiempos. Si sus madres, abuelas y bisabuelas estaban centradas en el marido, ¿quién era el *top dog*?

SERGIO Pues el marido.

MARIO Ellas querían más, siempre les importó más la relación a ellas que a los maridos. Es lógico que ahora quieran invertir los patrones.

SERGIO Otra frase aterradora que usan: "hay hombres a los que amas y hombres con los que te casas".

MARIO Ah, claro.

SERGIO ¡Qué miedo!

MARIO Ahí hay toda una historia muy interesante.

Para saber más...

Dean C. Delis. Es profesor de psiquiatría en la Escuela de Medicina de la Universidad de California en San Diego. También es profesor adjunto de Psicología en la Universidad Estatal en San Diego y Director de la Unidad de Evaluación Psicológica en el Centro Médico de la Administración para los Veteranos.

Jürg Willi. Médico, especialista en Psiquiatría y Psicoterapia. Actualmente dirige el Instituto de Terapia Ecológico-Sistémica, en Zurich. Willi fue el primero en introducir la terapia de pareja en el ámbito de habla alemana. Fue director del Policlínico Psiquiátrico del Hospital Universitario de Zurich, catedrático numerario de Psiquiatría Ambulatoria, Psicoterapia y Enfermedades Psicosomáticas.

Lista de personas que habría que matar...
Empecemos con la gente que lee libros de
autoayuda.

¿Por qué necesita ayuda tanta gente? La vida
no es tan complicada. Te levantas, te vas al trabajo,
comes tres veces al día, te echas una buena caca
y te regresas a dormir. ¿Dónde está el chingado
misterio?

Pero la parte que realmente no entiendo es:
si estás buscando autoayuda, ¿por qué leerías
un libro escrito por alguien más? ¡Eso no es
autoayuda, es ayuda!

La autoayuda no existe. Si lo hiciste tú mismo,
no necesitaste ayuda. ¡Lo hiciste tú!

—GEORGE CARLIN.

¿Un libro de autoayuda?

SERGIO Hay dos obras, *Familias y cómo sobrevivir a ellas* y *La vida y cómo afrontarla*, ambos escritos por el psiquiatra y psicoterapeuta Robyn Skynner y el comediante John Cleese, de Monty Python, que era su paciente. Partiendo de lo que dicen, supongo que para delinear lo que es una pareja se empieza por las fronteras, se inicia por los bordes para luego ir más adentro. Debemos ser menos teóricos, más prácticos, no necesariamente convertir esto en un libro de autoayuda, pero sí nos interesa que sea útil. Si alguien está mal en su matrimonio, compra el libro y le sirve, ¿nos interesa eso?

MARIO Sí. Uno escribe para alguien. Y claro, la gente que está en problemas en algún nivel es la que va a buscar una solución de manera inmediata. Quienes no están "emproblemados" lo estarán, fatalmente. O no lo están, pero lo estuvieron. Entonces el libro puede ser, en el mejor de los casos, esclarecedor. El querer hacer un libro en concreto es para que sea útil.

SERGIO Empecemos por la prevención. ¿Hay algunos lineamientos básicos para ser una pareja exitosa? ¿Hay que hacer ciertas cosas, comportarse de ciertas maneras y evitar otras? ¿O cada pareja es distinta? ¿Se puede hablar de lineamientos básicos?

MARIO Cada pareja encuentra su propia forma de ser feliz e infeliz. El mismo Robyn Skynner se lo dice a John Cleese en los libros que mencionaste. Él afirma, citando el principio de *Anna Karenina* de Tolstoi, que todas las familias felices se parecen, y todas las familias infelices lo son a su manera.

Lo cual hace pensar que las familias felices tienen características comunes.

Ahora hablemos de las parejas felices que conozco —mejor llamémoslas *parejas satisfactorias*— esas que se ven armoniosas, que incluso lo dicen y uno no puede dejar de notarlo. Hablo de parejas probadas, no de lunamieleros, sino de parejas con un promedio de siete años o diez años en adelante, lo cual no quiere decir que después continúen siéndolo, pero sí pondría un cierto número de años para decir que una pareja funciona: de siete años en adelante. Esa cosa de *la comezón del séptimo año* parece ser cierta.

Digo esto porque en Estados Unidos, donde se manejan más las estadísticas, y curiosamente en México, donde no se manejan tan bien, la cifra es parecida: la mitad de los matrimonios que se van a divorciar en algún momento, lo hacen en promedio a los 6.6 años, casi siete. Ya sabemos que las estadísticas son muy complicadas. Por ejemplo, si yo me como dos huevos y tú no te comes ninguno, el promedio es que tú te comiste uno y yo otro. Eso no es real. Pero bueno, 6.6 años sí corresponde a una realidad. Las parejas de más de siete años que sean felices, de clasemedieras para arriba, como resulta ser el universo al que pertenezco, en el que me muevo y al que atiendo. Estas parejas que parecen estar satisfechas y que lo están (se les nota), ¿tienen características en común? Sí.

Tienen un nivel educativo común: los dos tienen estudios universitarios. Tienen orígenes socioeconómicos parecidos.

SERGIO Son de la misma clase social, de origen.

MARIO Sí. Estas historias de chica pobre que se casa con muchacho rico o al revés, en mi consulta, en mi experiencia, han ocurrido de manera excepcional, y cuando se dan, las que yo he visto, no parecen funcionar muy bien.

Entonces: estudios universitarios, origen socioeconómico parecido, los dos tienen algún tipo de actividad remunerada.

SERGIO Los dos ganan dinero.

MARIO Sí, ambos. Y si no lo gana ella en particular, o no lo ha ganado, es por razones de crianza. Pero aun así tiene alguna actividad que generalmente es remunerada. Y si no la tiene, está estudiando, terminando una maestría o haciendo trabajo *freelance* desde su casa, lo cual es totalmente posible gracias a la tecnología.

> *All my friends told me she was too young,*
> *Well I knew that myself and I tried to run*
> *But the faster I ran the more I fell behind*
> *Because she'd already made up her mind.*
> **—LYLE LOVETT, She's already Made up her Mind.**

MARIO Hablando de edades en estas parejas satisfactorias, la mujer es cuatro o cinco años más joven que el hombre, aproximadamente, aunque eso ha variado un poco; la diferencia se está achicando, llegan a tener edades similares, incluso algunas mujeres son mayores que los hombres, aunque no es la norma. Otro dato demográfico: el origen sociocultural. Algunos de mis pacientes son hijos de inmigrantes. Ya sabemos que en México hay una colonia francesa, una alemana y desde luego una colonia judía. Los matrimonios bien avenidos o parejas satisfactorias de las que hablo comparten la misma colonia. Entre la gente de religión judía, en particular, hay mayor restricción para salir de ese núcleo. Recuerdo una chica de ascendencia española casada con un muchacho de ascendencia francesa que formaban una pareja exitosa. Pero es la única que recuerdo. Pero que yo recuerde, entre las parejas exitosas no hay ninguna que no comparta la misma religión. Lo contrario, en cambio, ocurre con frecuencia, quiero decir, diferencias socioeconómicas, socio-culturales, diferencias marcadas de edad, tienden a ser más problemáticas que exitosas en términos demográficos.

En términos de mecánica de la relación, estas parejas satisfactorias no son gente que haya vivido un noviazgo largo, de más de dos años; la mayoría se casaron antes de los dos años. Después de dos años yo podría considerar que es un noviazgo prolongado.

SERGIO ¿A qué edad se casaron, en general?

MARIO De primera vuelta alguien que tiene un matrimonio exitoso, en promedio, la mujer tendría alrededor de 24, 27 años y el galán, 27, 28 o 30, más o menos.

SERGIO ¿Y de segunda vuelta?

MARIO De segunda vuelta siguen conservando ese rango de cuatro a cinco años.

SERGIO ¿Y más o menos qué edades tienen?

MARIO Él, entre 34 y 38 y ella, entre 30 y 35. En tercera vuelta, que parece broma, son gente de 50 años y las diferencias se siguen conservando: 52, 53 ella, 55, 57 él.

La gran mayoría de las parejas satisfactorias tienen hijos, entre ellos o con sus parejas anteriores. Alrededor de dos hijos por pareja, que es el promedio clasemediero habitual. Eso, por supuesto, complica las cosas cuando se trata de matrimonios compuestos; de la gente que se casó previamente y trae dos hijos cada quien. Eso los mete en una mecánica más compleja para que la relación funcione, sobre todo tratándose de hijos chicos. Eso dificulta la relación. En cambio, segunda y tercera vuelta con hijos de 15 y 18 para arriba no es tan complicado. Si hay bebés o niños de hasta uno o dos años de relaciones anteriores, no hay tanto problema. La guerra espantosa es cuando hay muchachitos o muchachitas de cuatro, cinco años hasta los 12 o 14. Ahí la cosa se pone complicada para la pareja; tiene que lidiar con problemas derivados de sus hijos pequeños.

SERGIO Pero lo que estoy viendo se puede resumir como cosas en común.

MARIO Así es, los semejantes con los semejantes. Siempre ha sido la sabiduría popular.

SERGIO Al respecto de los semejantes con los semejantes, Jonathan Swift llega a proponer cosas espeluznantes cuando Gulliver viaja al país de los houyhnhhms. Los houyhnhhms son unos caballos muy sofisticados, inteligentísimos. Estos caballos hablan de unos animales horribles, malolientes y borrachos que denominan yahoos. Los yahoos no son otra cosa que los seres humanos. A los caballos les parecen aberrantes las costumbres yahoos, entre las cuales mencionan el hecho de que les da por mezclarse con yahoos de otras razas. Cuando leí ese libro —el último de Gulliver, por cierto—, Jonathan Swift me pareció un tanto fascista. ¿Pero podríamos decir qué tiene razón, doctor? ¿Una relación interracial tiene menos posibilidades de éxito?

MARIO Puede tener problemas importantes, eso es un hecho. Aunque suena muy atractivo.

SERGIO Es muy atractivo.

MARIO Probablemente en este mundo globalizado el asunto cambie un poco, porque se aplanan las diferencias, hasta cierto punto. Yo no he atendido muchas parejas interraciales. Puedo recordar sólo dos parejas en este momento.

SERGIO ¿Y qué tal una pareja donde ella sea muy mestiza y él muy criollo, por ejemplo?

MARIO Aquí en México... no. Me voy dando cuenta de que soy absolutamente clasemediero. Ocurre, usualmente en las clases sociales más favorecidas, lo típico: mucha gente se va a estudiar a Estados Unidos o a China y regresan casados, por cuestión de estancia o por estudios, pero el regreso no es nada fácil, ni para él ni para ella.

SERGIO Entonces Swift es cruel, pero es real.

MARIO Cruel pero real, efectivamente.

SERGIO Suena, y lo es, muy poco romántico.

MARIO Muy poco romántico y mamón, porque parecería que sólo la gente con recursos la puede hacer, y eso no es tan real, y sí; porque como decían las abuelas: cuando la necesidad entra por la puerta, el amor sale por la ventana. El dinero, la estabilidad económica, la posibilidad de adquirir una serie de cosas, facilita la estabilidad de una pareja, no tenerla la dificulta de maneras muy fuertes.

Entonces, pensar que solamente una chica de clase alta, que va a estudiar su maestría a Inglaterra, la puede hacer, pues no.

SERGIO No, pero definitivamente tiene mayores facilidades en la vida, no sólo para hacer pareja, sino para hacer muchísimas otras cosas. Tendrá mejor atención médica, tendrá mayor capacidad de apreciación estética...

MARIO Y curiosamente también tiene más facilidad para divorciarse, precisamente por la independencia económica.

Diríamos entonces que estas parejas a las que estoy haciendo alusión, con carrera y solvencia económica, ¿tienden a ser más exitosas como pareja? Sí. ¿Tienden a disolverse más rápido? También. ¿Por qué? Pues por lo mismo. No hay dependencias, más allá del gusto por estar juntos. Bueno, sí las hay, pero más al interior de la pareja, pero en lo exterior, no.

PARA SABER MÁS...

Los Monty Python. A veces simplemente conocidos como los **Python**, fueron un grupo de humoristas británicos de los años sesenta y setenta, que con el *Monty Python's Flying Circus* (*El Circo Ambulante de los Monty Python*), hicieron una importante crítica social por medio de *sketches* de humor surrealista y absurdo. Aunque los Monty Python iniciaron con una serie de televisión, pronto se convirtieron en un fenómeno de gran impacto gracias al cine y a la industria editorial. Su influencia en la comedia ha sido comparada con la de los Beatles en el terreno de la música.

Cuando aún no había flores en las sendas
Porque las sendas no eran ni las flores estaban;
Cuando azul no era el cielo ni rojas las hormigas,
Ya éramos tú y yo.

—ALÍ CHUMACERO, *Poema de amorosa raíz.*

El divorcio no es un fracaso

SERGIO La facilidad para divorciarse, ¿también forma parte del éxito de la pareja?

MARIO Claro.

SERGIO ¿Eso no es un fracaso?

MARIO No.

SERGIO Porque yo le estaba preguntando de parejas *exitosas*. La palabra *éxito* me estorba un poquito, pero a falta de un adjetivo mejor la seguiré usando. Así que dígame, ¿una pareja exitosa no es necesariamente la que sigue junta, sino también la que se sabe retirar a tiempo?

MARIO Exacto.

SERGIO Entonces no estábamos hablando hace un rato, cuando yo le pregunté de parejas exitosas, de parejas que siguen, necesariamente.

MARIO No.

SERGIO Es que eso es muy importante aclararlo, porque es lo que se entiende tradicionalmente: cuanto más tiempo juntos, mejor pareja.

MARIO No. Yo creo que parte del éxito de una pareja está en saber romper sin demasiada sangre en el proceso. Claro que va a doler y va a causar sufrimiento, a los involucrados y a terceros. Los niños, por ejemplo.

SERGIO Entonces, una pareja que tiene todo eso de lo que hablábamos, y que yo llamo cosas en común, tiene más posibilidades de tener éxito.

MARIO Es más armónica.

SERGIO Entonces, ¿quién tiene razón? ¿Alguien que se empareja con quien más le conviene? (y no me refiero al nivel económico). ¿O alguien que se empareja con otro con quien no tiene mucho en común y que evidentemente va al fracaso, pero se enamora? ¿Quién tiene razón? En las películas tiene razón el que se enamora y se casa o se empareja o trata de hacer algo con alguien imposible. Lo otro suena un poco conformista: "Pues ella es con quien me tengo que casar, porque es una Vanderbilt y yo soy un Kennedy, y sólo por eso ella será mi esposa".

Esta pregunta tiene que ver con cierta neurosis. Cuanto menos neuróticos son los miembros de la pareja, ¿tienden más a tener éxito? ¿O no?

MARIO Sí. Cuanto menos neuróticos son más exitosos, más armónicos.

SERGIO ¿Sus niveles de neurosis también se parecen? ¿O usualmente uno de ellos es muy neurótico y el otro está con los pies en tierra?

MARIO Se parecen.

SERGIO ¿También en eso? Entonces, en una pareja exitosa los dos ganan 20 000 pesos al mes y los dos tienen 300 gramos de neurosis.

MARIO Efectivamente.

SERGIO También veo que las parejas exitosas no están muy peleadas con sus figuras paternas, no tanto como los que no lo están, por lo menos en mi caso.

Hay un capítulo de la serie *Seinfeld* en el que Jerry Seinfeld conoce a una mujer que es perfecta, bella, culta, linda, generosa, ni siquiera es empalagosa; es una maravilla. Pero las amigas de ella le dicen a Seinfeld: muchas gracias por salir con ella, como si ella no fuera tan guapa. Y las que se lo dicen no están ni la mitad de guapas. Entonces él empieza a pensar que algo tiene que estar mal con esa mujer y no encuentra nada.

Hasta que un día, a Seinfeld se le ocurre invitar a sus papás a que la conozcan. Están platicando los cuatro felices. De pronto, la chica va al baño y los papás le dicen a Seinfeld: qué linda chica, es fabulosa, nos fascina. En ese instante él se desencanta; sus papás la quieren, entonces él ya no. Estamos hablando de un neuroticazo.

MARIO Pero de tiempo completo.

SERGIO Entonces sí es más difícil para un neurótico emparejarse que para alguien no tan neurótico.

CHER:
They say we're young and we don't know
We won't find out until we grow
Sonny: Well I don't know if all that's true
'Cause you got me, and baby I got you.

—SONNY & CHER, *I Got You Babe.*

Se necesita creer en el amor

MARIO Mira, hay varios temas aquí. Hace rato platicábamos acerca de que una cosa es una pareja y otra es un matrimonio.

SERGIO Ajá.

MARIO Tengo entendido que en algunas partes de Japón aún sigue existiendo la figura de la casamentera, encargada de arreglar los matrimonios. Las casamenteras existen porque en la cultura japonesa, sabiendo que los jóvenes son ardientes, intrépidos y temerarios, dejar en sus manos algo tan serio como la familia y los hijos es una locura. Entonces son los viejos, los padres, los abuelos, los que arreglan esos matrimonios, que por cierto tienden a ser muy estables.

La persona que me contó esto me dijo una metáfora que me parece muy interesante: según él, muchos japoneses piensan que los occidentales estamos locos, porque ellos comparan el amor conyugal con una ollita de sopa. Dicen que a los occidentales nos da por agarrar la ollita, ponerla en una hoguera a hervir muchísimo, quitarla de la hoguera y luego meterla a la casa, donde va a enfriarse.

Los japoneses, en cambio, hacen la hoguera, más pequeña, dentro de la casa, para ahí mantener caliente la sopa, evitando el hervor tan aparatoso de afuera, donde le da el aire y la llamarada es más alta.

Entonces el amor-pasión, a la hora de instalarse en la casa, se apaga. El otro amor, más familiar, más lento, tiende a ser más prolongado y no tan peligroso. La mezcla no es tan explosiva, digamos.

Pero en Occidente, los matrimonios de las clases altas también eran arreglados. Los jóvenes empezaron a desobedecer estas normas y a casarse por amor hace apenas dos o tres siglos.

El punto es que el matrimonio actual, el pasar de ser esta pareja pasional a ser un matrimonio sucede vía amor, o vía amor-pasión. Y en ese sentido, si las diferencias son muy importantes —lo cual es parte del atractivo— si no tienes una serie de recursos y posibilidades para poder con esas diferencias, lo más probable es que se lo lleve el tren.

Concluyendo: ¿es más sensato casarme con quien me conviene? Sí, por supuesto. ¿Va a funcionar mejor? En la actualidad... quizá.

Yo creo que las personas del medio en el que vivo, tanto las que son mis pacientes como las que no, desconfían un poco del amor-pasión, sus amores empiezan a ser un poco más aterrizados. ¿Por qué? Porque el sexo ya no tiene el mismo peso que tenía antes, en el sentido de que la gente ya no se deslumbra por un sexo estupendo, o se deslumbra menos. Creo que hay una tendencia en ese sentido. La gente tiende a casarse menos. O más bien, corrigiendo, la gente cree menos en el matrimonio. Cree o necesita creer más en el amor, pero menos en el matrimonio.

SERGIO ¿Cree o necesita creer?

MARIO Ambas cosas. Voy a decir un lugar común: para vivir se necesitan ciertos valores. Y el amor sigue siendo uno de los más fuertes, de los más tomados en consideración. Como ni la religión ni la tradición tienen el mismo valor que tenían, y ya que ser lindo y decente y no ser corrupto no tiene el mismo valor que tenía, ¿qué sí lo va a tener? Pues el amor. Parece que estamos muy necesitados de creer en el amor, ya no creemos en las instituciones, ya no creemos en muchas cosas, pero el amor sigue conservando cierto prestigio. De hecho, el amor al estilo pasional, el de "no puedo vivir sin ti", está sobrevaluado. No es para tanto.

From bitter searching of the heart,
Quickened with passion and with pain
We rise to play a greater part.
This is the faith from which we start:
Men shall know commonwealth again
From bitter searching of the heart.
We loved the easy and the smart,
But now, with keener hand and brain,
We rise to play a greater part.

—**FRANK SCOTT Y LEONARD COHEN,**
Villanelle For Our Time.

El amor-pasión

SERGIO Volviendo al amor-pasión. ¿De veras cree usted que está sobrevaluado?

MARIO Yo creo que el amor-pasión hay que vivirlo, es una de las experiencias más importantes, transformadoras, valiosas, dolorosas, que uno pueda experimentar; tanto si es mutuo —tema muy interesante— como cuando es desafortunado, quiero decir, cuando uno está apasionadamente enamorado de alguien y esa otra persona no lo está tanto. Probablemente en esta segunda circunstancia uno tenga posibilidades de sufrir más, por supuesto, pero de ver o entender algunas cosas; cuando los dos están enamorados aquello es la locura, literalmente. Y es muy importante. Creo si uno se va a casar, que sea enamorado. Siempre. De otra forma, ¡qué horror! El problema es que el alimento mismo de la pasión es el sufrimiento, como la misma palabra lo dice. La pasión se padece; cuando uno habla de la pasión de Cristo habla del sufrimiento de Cristo; cuando uno habla de la pasión de los amantes, claro, lo primero que uno entiende es el gozo, la locura, el éxtasis, pero hay un sufrimiento. La pasión no quiere gozar, no quiere ser feliz, la pasión quiere padecer. No lo estoy diciendo en el sentido masoquista, pero el alimento de la pasión es la imposibilidad de ser totalmente plasmada, totalmente satisfecha. La pasión es su propio combustible, y eventualmente se va a extinguir por cansancio, por fatiga, por frustración, o *por concretarla*, como ocurre cuando uno se enamora apasionadamente y se casa.

SERGIO Se enfría la sopa.

MARIO Se enfría la sopa. Uno habría de entrar en otra dinámica una vez que está adentro de la casa. ¿Y qué dinámica? Bueno, obviamente darse cuenta de que el combustible de esa pasión, ahora no va a ser el sufrimiento o el no tener a la persona amada. ¿Entonces cuál va a ser? ¿La vida del otro? ¿Mi vida? ¿Mi vida al lado del otro?

Yo creo que la respuesta probablemente vaya en el sentido de que ahora se va a tratar, si queremos seguir apasionadamente relacionados, no de que yo esté apasionado de ti y tú de mí, sino de que yo estoy apasionado de mí y me conozco a través de ti. Pero el foco de la pasión ya no es el otro, sino uno mismo. Creo que es la forma de mantener el asunto.

Ejemplo: acabo de leer un libro de Paulina Rivero llamado *En busca de la heroína*. Analiza las heroínas típicas en la literatura, obviamente habla de Madame Bovary y Anna Karenina, que son personajes escritos por hombres, no por mujeres. Rivero cree, como mujer y como autora, que otras mujeres seguramente no ven a Emma Bovary y Anna Karenina como heroínas, sino más bien como mujeres perdidas en la pasión por el otro, y afirma algo muy inteligente: que estas heroínas femeninas lo son, pero para los hombres, y si lo son, es porque han sido capaces de sacrificar todo, hasta la vida misma, por el otro. Son heroicas en ese sentido.

Lo que postula Paulina Rivero es: ¿y por qué no una heroína de carne y hueso en vez de una de ficción? Y entonces habla de Lou Andreas-Salomé, quien tuvo amoríos con Friedrich Nietzsche y Rainer Maria Rilke, tal vez también con Carl Jung, y fue admirada por Sigmund Freud y también por los dramaturgos Arthur Schnitzler y Frank Weddekind.

Esta mujer se relacionó con puro peso pesado, pero nunca se apasionó por ninguno de ellos al grado de matarse. Su pasión era ella misma.

A partir de que dos personas deciden compartir su vida, se trata de que ambos logren metas como individuos, con la ayuda amorosa del otro. Entonces, a uno le interesa el crecimiento del otro, pero le interesa más el propio *a través* del otro, por ese sentimiento amoroso. Si no es así, y yo espero que toda la felicidad sea derivada de mi pareja, o ella espera eso de mí, como ocurría en el proceso del enamoramiento, previo a irnos a la casita, el asunto se arruinó. Nadie le puede dar a nadie semejante cantidad de interés y motivación en la vida. Habría un cambio de foco.

No estoy dando una receta, pero si pretendemos que la pasión pudiera seguir siendo el motor de la relación —cosa que yo dudo— a lo mejor tiene que transformarse en una especie de *sentimiento apasionado*.

PARA SABER MÁS...

Carl Gustav Jung (1875-1961). Médico psiquiatra, psicólogo y ensayista suizo, cuyo pensamiento fue fundamental durante la primera etapa del psicoanálisis; posteriormente, fundador de la escuela de psicología analítica también conocida como psicología de los complejos. Fue pionero de la psicología profunda, y estudioso de esta disciplina más ampliamente difundida durante el siglo veinte. Su teoría y abordaje clínico dieron énfasis a la conexión entre la estructura de la mente y la de sus manifestaciones culturales. Esto le llevó a incorporar en su metodología nociones procedentes de varias ciencias humanísticas como la antropología, la alquimia, los sueños, el arte, la mitología, la religión y la filosofía.

Friedrich Nietzsche (1844-1900). Uno de los pensadores más influyentes del siglo XIX. Filósofo y poeta, Nietzche se interesó también por la música y la filología alemana y se adentró en todos los aspectos de la cultura, la religión y la filosofía occidental, al deconstruir los conceptos que las integran para analizar las actitudes morales tanto positivas como negativas del ser humano hacia la vida. Su pensamiento moderno afectó profundamente a generaciones posteriores de humanistas.

Lou Andreas-Salomé (1861-1937). Escritora rusa liberal, contemporánea de Friedrich Nietzsche, Paul Rée, Sigmund Freud y Rainer Maria Rilke, con quienes sostuvo una relación cercana. Escribió varios estudios literarios y de psicoanálisis, entre ellos, *Aprendiendo con Freud: diario de un año, 1912-1913* y *El erotismo*.

When we meet again
Introduced as friends
Please don't let on that you knew me when
I was hungry and it was your world.

—Bob Dylan, *Just Like a Woman.*

La carencia y la pasión

SERGIO ¿La pasión viene de carencia?

MARIO Sí.

SERGIO Los personajes apasionados, por ejemplo, Marlon Brando en el *Último tango en París*, es cuando acaba de morir su esposa que se apasiona de la jovencita Maria Schneider.

Acabo de ver una película china, la nueva de Ang Lee. Es una historia de pasión brutal llamada *Lust, Caution*, es un prodigio. Tiene las mejores escenas de sexo explícito que he visto en toda mi vida. Nunca había visto nada tan portentoso en ese sentido, nunca. Y efectivamente, sus protagonistas vienen de carencias. Está ubicada en Shanghai, durante la ocupación japonesa (1937-1945). Él es un funcionario corrupto, colaboracionista del gobierno japonés. Y ella es una incipiente actriz que entra a la resistencia y se hace pasar por señora de sociedad para infiltrarse y matarlo, pero se enamora de él. Son seres que espiritualmente no tienen nada, en una China deprimida e invadida, y ahí surge una pasión brutal.

En el otro extremo de las cosas, acabo de ver una entrevista de Charlie Rose a Lou Reed y Laurie Anderson, que llevan 15 años juntos. Mientras hablaban, Lou Reed le acariciaba el pelo y le agarraba la mano, y hablaban maravillas uno del otro porque son seres muy hechos y muy apasionados de sí mismos, que posteriormente se encontraron. Me pareció la pareja ideal. No era un amor en el que se murieran uno por el otro, sino un amor tan... armónico.

MARIO Ese tipo de parejas excepcionales está lleno de riqueza espiritual, aman a la gente, al mundo.

SERGIO Pero se aman mucho a sí mismos.

MARIO En cambio, personajes como los chinos de la película siempre van acercándose a la muerte.

SERGIO Van hacia su destrucción.

MARIO Se consumen por completo, cuando lo que los une es derivado de la carencia o el aburrimiento.

SERGIO Si llega aquí una pareja y usted detecta que por lo menos uno de los dos no es lo que definimos como un individuo diferenciado (como sí lo son Lou Reed y Laurie Anderson), ¿le parece que la posibilidad de que la pareja no funcione es mucho más alta?

MARIO Así es, mucho más alta, Pero los seres humanos somos cíclicos, oscilamos, y las parejas también. De esto se ha escrito mucho. Hay una terminología desarrollada en ese sentido; se habla, por ejemplo, de que en una pareja siempre uno de los dos es más *progresivo* y el otro es *regresivo*, pero no siempre son el mismo, fluctúan; esto querría decir, en los términos en que hablábamos de diferenciación, que uno de los dos está en una fase de diferenciación más acentuada, y el otro puede estarlo o no. A veces se coincide, generalmente al inicio de la relación, pero una vez que la relación ya está constituida, uno de los dos se pone más regresivo o menos diferenciado.

SERGIO ¿Ponerse regresivo querría decir deprimirse, fracasar en su trabajo?

MARIO No, quiere decir ser más dependiente del otro, básicamente. Y no sólo del otro; puede ser dependiente de una estructura familiar de la que supuestamente se había diferenciado —por eso se casa— y resulta que no es así. Lo cual nos mete de lleno al tema de que en las parejas cada quien tiene su proceso, su dinámica, su mecánica, y tiene sus fases, su historia y sus ciclos.

Voy a poner un ejemplo. Un muchacho de la colonia del Valle y una muchacha de la colonia del Valle. Él, licenciado en administración de empresas de 27 años; ella, mercadóloga de 25 años. Un año de noviazgo y se casan. Y resulta que ella extraña mucho a su mamá y a su casa y a sus amigas y su vida. Entonces uno diría, ¿pues cuál diferenciación? Aparentemente se casó buscando una diferenciación, pero resulta que extraña de forma muy acentuada o francamente difícil de manejar, o que la chica verdaderamente está aterrada de las responsabilidades y de las broncas, o de darse cuenta de que el galán no era precisamente lo que esperaba.

Esto puede ir puede ir desde simplemente añorar su vida de soltera o las pláticas que tenía con su mamá, hasta francamente decir "no quiero saber nada" y estar todo el día con su mamá, no salir de ahí. Pasar los fines de semana completos ahí. Si el muchacho está un poco más diferenciado y lo que le interesa es salir con su mujer a hacer cosas ellos dos, los problemas están a la vuelta de la esquina.

No es lo mismo una pareja tan diferenciada como Lou Reed y Laurie Anderson, con toda una carrera y una serie de cosas, incluso matrimonios previos.

SERGIO Bueno, en su juventud, Lou Reed vivió con un travesti mexicano llamado Raquel. Tuvo serios problemas de drogadicción; cuando era adolescente le dieron electrochoques; su padre era un golpeador. Luego se transformó en un apasionado del tai chi y el budismo. Entonces, de haber sido un drogadicto autodestructivo, a ser este atleta del cerebro y de la mente, felizmente emparejado con una mujer genial... es como si habláramos de dos personas distintas.

MARIO Cuando me estaba graduando de médico, el muy querido doctor José Ponce de León Jurado, cardiólogo eminente, en la ceremonia de graduación tuvo dos momentos verdaderamente sabios que causaron conmoción. El primero en los discursos de la graduación, donde, a contrapelo de todo lo que decían quienes lo habían precedido, en el sentido de que nos deseaban todo género de parabienes, él nos dijo: "pues yo les deseo que les vaya mal", con lo cual toda la audiencia calló. Los papás de los graduados estaban especialmente horrorizados. Entonces el doctor Ponce de León hizo un silencio largo y prosiguió: "Y se preguntarán por qué. Pues miren, si les va bien desde el principio se van a encasillar en una manera de hacer las cosas y no van a crecer. Si les va mal van a tener que ingeniárselas, van a tener que probar diferentes estrategias y eso les va a dar mucho aprendizaje. Por lo tanto, señores, les deseo que les vaya mal. Al principio, no permanentemente".

SERGIO Sabio.

MARIO El segundo gran momento del doctor Ponce de León fue cuando, ya estando con sus alumnos más cercanos, uno de ellos le preguntó: "Doctor, usted qué recomienda, ¿casarse ahorita, o dentro de veinte años? ¿O dentro de diez, cuando terminemos la especialidad?". "Bueno, doctor, mire, cuando usted termine la especialidad va a tener 34, 35 años, y va a conocer a una muchacha 10 años menor. Ya va a tener usted dinero, va poder tener una casa, va a ser un hombre más experimentado, va a tener más medios, más facilidades. Se va a casar y probablemente sea usted muy feliz.

"Y si se casa usted con la novia ahorita, antes de la especialidad, pues va a vivir cosas difíciles, carencias, inexperiencia, si tiene hijos aquello se va a poner muy complicado, va a hacer la especialidad, va a tener que hacer guardias en su casa. Va a tener veinte mil problemas, y cuando tenga 40 años y 15 de casado, a lo mejor ya empieza a triunfar y el triunfo va a ser de los dos, y eso es muy lindo. Pero lo más probable es que no llegue a los 40 años con la misma persona. Si llega, qué bueno, pero no es lo más probable, así que piénselo". Dicho esto, el doctor se retiró.

Es un poquito un resumen de lo que hemos estado diciendo. Por cierto, yo no seguí los consejos del doctor Ponce de León y me casé con la novia que tenía en aquel momento, mientras hacía mi servicio social. Ni siquiera había empezado la especialidad, y aquello no funcionó. Luego ya era yo especialista cuando me casé la segunda vez, y, efectivamente, había más dinero, había más de todo, y tampoco funcionó. Entonces, tampoco es una garantía ni lo uno ni lo otro, al menos en mi caso. Es difícil hablar de recetas.

Algo que se me estaba pasando decir es que se entiende que uno pretende ser feliz sin un costo, o que minimice los costos. Todos queremos ser felices, y nos venden esta idea del amor como antídoto contra todo: no importa que no comas, no importa que estés enfermo, si amas no importa. Creo que sería más fácil, más valioso y más franco decir que las cosas van a estar muy difíciles con o sin amor; por supuesto que es mejor tenerlo, pero la cosa va a estar muy cabrona en la vida de pareja. Y hay que saber que las cosas van a estar difíciles, porque luego nos da por pensar que si las cosas empiezan a ponerse difíciles es porque él o ella no me quieren lo suficiente, y no es eso: es la mecánica misma de la vida.

Este espejismo es parte del encanto del amor pasión: parece que no va a haber problema o que cualquier problema es solucionable o salvable, o que se minimiza en relación con esta pasión que tenemos. Y es que además así parece: cuando uno está enamorado y haciendo el amor con la amada, no importa no haber comido en tres días. Estando así, comer no tiene ninguna importancia por muchas razones, hasta fisiológicas. Trae uno muchas endorfinas.

HOMBRE DEL BAR:
Nos casamos en Holanda.

JOHN CELESTINE:
¿Se casó con un hombre?

HOMBRE DEL BAR:
¿Pues con qué me iba a casar?

JOHN CELESTINE:
Pero eso significa que usted es....

HOMBRE DEL BAR:
¿Qué? ¿Viudo? Norman no murió.

JOHN CELESTINE:
No quise decir viudo, sino..

HOMBRE DEL BAR:
¿Gay?

JOHN CELESTINE:
Un miembro de la...

HOMBRE DEL BAR:
¿De la qué?

JOHN CELESTINE:
De la filiación homosexual.

HOMBRE DEL BAR:
Dios mío, así como lo dices suena a religión. Bueno, si es una religión, me considero muy devoto. Un fanático.

JOHN CELESTINE:
Pero eso es un pecado contra la ley de Dios.

HOMBRE DEL BAR:
Dios es gay.

John Celestine:
Eso no es posible. Él hizo todo el universo. Los océanos, los cielos, las hermosas flores, todos los árboles.

Hombre del bar:
Exacto. Es un decorador.

—WOODY ALLEN, *Whatever Works.*

Las parejas del mismo sexo

SERGIO ¿Usted ha dado terapia a parejas de dos hombres o dos mujeres?

MARIO Sí.

SERGIO ¿Y hay diferencias notables que valga la pena mencionar? ¿O realmente son parejas como las heterosexuales?

MARIO Para empezar, yo creo que las personas no *son* homosexuales o heterosexuales. Se da esta primera distinción en donde el objeto amoroso o el objeto del deseo, en el caso de la persona homosexual, es gente de su mismo sexo. Es una preferencia, como ya está más que dicho en los manuales, en la literatura y en todos lados. Se tiene una preferencia homosexual. No se es, no creo que la homosexualidad defina una forma de ser, como tampoco la define el caso heterosexual, porque el hecho de ser heterosexuales tú y yo no quiere decir que seamos iguales. Lo que nos hace ser heterosexuales es nuestro gusto por las mujeres.

Ahora, la homosexualidad, que es básicamente una preferencia, parece también implicar un estilo de vida más o menos marginal, más o menos a contrapelo, con ciertas características especiales dentro de la cultura gay o lésbica. Hay una marginación que tiene que ver con la dificultad de la sociedad para aceptar estilos de vida alternativos, como se dice. Pero también hay una marginalización generada por el mismo grupo homosexual, para negociar de mejor manera lo que tengan que negociar.

Creo que hay una cierta automarginación, cuya razón más obvia sería el rechazo social, pero también hay una mayor conciencia de la diferencia. Dicho de otra manera, la persona gay disfruta hasta cierto punto, cuando esto es disfrutable, de esa exclusividad de ciertos lugares, de ciertos sitios, de ciertos barrios, de cierto estilo de vida. No todo es sufrimiento o rechazo. Y sí, tienen un estilo de vida particular. A veces yo me he preguntado, en broma, si no me cuidaría más físicamente y sería más atractivo si fuera gay. Los gays de mi edad normalmente tienen menos panza y tienen mejor gusto en términos generales.

SERGIO Ridley Scott jamás hubiera podido lograr la poesía visual de *Blade Runner* sin su diseñador de producción, que por supuesto es gay.

MARIO A mí las parejas gays, hombres o mujeres, siempre me ha parecido que son más libres que los heterosexuales.

SERGIO ¿En qué sentido?

MARIO Sexualmente, por ejemplo. El hecho mismo de pertenecer a una minoría les da mayor capacidad de ser críticos, de burlarse, de ser más creativos. Y la misma mecánica de la relación es más arriesgada, y para mi gusto menos aburrida, menos tediosa que la típica pareja heterosexual. La competencia es mucho más feroz. No hay hijos.

SERGIO ¿A qué se refiere con la competencia?

MARIO A la promiscuidad, o a la *posibilidad* de la promiscuidad en el medio homosexual. Es mucho más inestable la pareja gay en términos generales, o parece serlo, pero tampoco se esperaría que eso fuera deseable.

Una pareja estable gay tiene las mismas características o similares a las que establecimos para la pareja heterosexual.

SERGIO ¿Las mismas?

MARIO Para que la pareja sea estable, sí. Muy parecidas. Curiosamente, dentro de lo que yo he llegado a conocer del ambiente gay y lésbico, parece un poco más demócrata, no tan jerarquizado, tan de élite. Quiero decir: en el desmadre del ambiente gay, entre la gente joven, la clase socioeconómica no importa tanto. Me da esa impresión, pero es una mera impresión; probablemente esté tan equivocado como si lo tratara de aplicar a la pareja heterosexual.

SERGIO Pero ya como parejas estables, ¿sí aplica otra vez la norma?

MARIO Sí, aplica la regla.

SERGIO Tengo también la impresión de que son todos contra todos, por lo menos a la hora de encuentros casuales.

MARIO Sí, un poco.

SERGIO Ahí sí agarran parejo.

MARIO Pero ya en consolidación como pareja, son más selectivos.

SERGIO Las parejas homosexuales que yo conozco sí son más estables.

MARIO Una vez superadas ciertas edades.

SERGIO Sí, lo que he oído que ellos mismo dicen es que encontrar pareja en ese desmadre está muy difícil. Entonces, cuando la encuentran, se aferran mucho más. No negativamente, pero luchan más por conservar la pareja.

MARIO No lo dudo. Creo que un elemento que puede cimentar o unir a una pareja, es el tener que ir en contra de algo. Vamos a poner por ejemplo a una pareja de clase socioeconómica baja. Vamos a decir que esta pareja es ambiciosa, que aspira a otro nivel de vida. Esa pareja se va a diferenciar de su medio ambiente, y el medio ambiente les va a hacer la vida de cuadritos; sea por el lado de colgárseles, o sea por el lado de oponerse. Y los puede reventar. Pero esta lucha en contra de lo establecido une, cimienta y armoniza potencialmente muchísimo a una pareja.

SERGIO   Y cuando la pareja está cómoda en su medio ambiente, ¿no hay ese motor de llevar la contra?

MARIO   No en ese sentido. Pero se puede llevar la contra de otras formas. La pareja se puede diferenciar dentro de su grupo. Si todos somos iguales, tenemos carros iguales, vamos a la misma iglesia, puede ser mortalmente aburrido. Y el aburrimiento o falta de gradiente en la pareja… La lucha de muchas parejas es por sobresalir dentro de su medio. Ser *Los* Pérez, *Los* González. Y esto se logra teniendo más, o buscando tener más. Pero eso no es una diferenciación. Sólo es más de lo mismo, pero mucho. Las parejas así no cuestionan el medio que los rodea, no van en contra. Hablo de generar o ser creativo, de no quedarse ahí.

El mismo hecho de tratar de ser una buena pareja puede ser revolucionario. La mayor parte de la gente no lo es. Y claro, todo el mundo presume. Se da este juego de parejas jóvenes en el que se trata de quiénes somos más lindos, quiénes vamos mejor, quiénes tenemos niños más bonitos, quiénes teóricamente cogemos más. Si los vecinos fueron a Las Vegas, entonces nosotros vamos a Las Vegas y a Los Ángeles, se lo cargamos a la tarjeta, cueste lo que cueste. Es una competencia muy pendeja, eso no es diferenciarse.

SERGIO   ¿Y las parejas exitosas tienen esa característica?

MARIO   Sí, en algún sentido. Son gente que se cuestiona, que ha tenido dificultades o choques para salir de su propio medio, que ha tenido que quitarse de encima a los papás, que ha dejado una estabilidad para completar sus estudios lejos de casa. Son parejas que luchan, que tienen que enfrentar y desarrollar un estilo propio a nivel ideológico, profesionalmente, emocional o sexual. Parejas que se diferencian, pues. Claro que eso mismo los puede reventar.

SERGIO Ésa es la paradoja.

MARIO Por ejemplo, una pareja gay joven suele ser inestable. Esto se debe a que están en la búsqueda de un estilo, tanto en lo individual como a nivel pareja. El asunto es doble. Tienen que luchar por salir del clóset, ser aceptados, definir mil cosas. Son sujetos que ya traen un *handicap* interesante que de por sí los diferencia. Quizás esto los hace frágiles, pero al mismo tiempo les da la posibilidad de ser más estables.

SERGIO Siempre he tenido la sensación de que al entrar a una pareja se pierde individualidad.

MARIO De entrada sí, un poco. La fuerza del enamoramiento, de la pasión, donde la pareja se fusiona, despersonaliza hasta cierto punto, pero de modo muy placentero. Después, uno parece tener que amoldarse a ciertos requerimientos del otro, porque el otro es más importante. ¿Entonces dónde quedan mis intereses? Y ahí parecería que me despersonalizo un poco para formar una unidad más armónica. Parecería que necesariamente tengo que dejar de imponer mi voluntad siempre, ceder en algunos aspectos. Pero así es la pareja.

La pareja sigue un proceso en el cual uno pertenece a y se delimita desde. Yo y mi pareja somos esta unidad, pero yo sigo conservándome individual, como sujeto. ¿Independiente de la pareja? Pues no para cierto tipo de asuntos. Éste es el proceso de pertenencia y delimitación: hasta dónde dejo de ser para estar con —suena muy paradójico— y a partir de qué momento tú estás en otro lugar y yo estoy en mi mundo, en una frontera sensible. Así es el proceso: dos individuos totalmente autónomos que se relacionan necesariamente llega un momento en que tienen que negociar, no puede ser de otra manera. O sí se puede, pero no son pareja.

Nada me han enseñado los años,
siempre caigo en los mismos errores,
otra vez a brindar con extraños
y a llorar por los mismos dolores.

—José Alfredo Jiménez, *El último trago.*

El placer en las parejas homosexuales

MARIO Después de esta larga digresión, y volviendo a la pareja homosexual, sólo he hablado de parejas homosexuales masculinas, porque conozco muchas más. En cuanto al mundo homosexual femenino, he tenido la oportunidad de atender aquí a cuatro o cinco parejas homosexuales femeninas, que tienen características muy particulares.

Lo que más me llama la atención es que el 100% de estas parejas venía de relaciones heterosexuales, incluso de matrimonio. Esto corresponde a lo que indican las investigaciones científicas: el descubrimiento de la preferencia homosexual en el caso de la mujer es más tardío que en el caso del hombre.

De hecho, el descubrimiento de la sexualidad como tal es más tardío en la mujer. Y además es a través del hombre. No parece ser la norma que haya un descubrimiento personal, en términos de masturbación. Los varones se masturban desde los 11 años.

En cambio las niñas, sí, se masturban, por supuesto, pero el escándalo es más fuerte.

Las parejas de mujeres que yo he visto han tenido un descubrimiento tardío de su homosexualidad, y la bronca social al respecto es un poquito más acentuada. Con esto quiero decir que la discreción y el ocultamiento de la preferencia homosexual es un poco mayor en el caso de la comunidad gay femenina.

Mis pacientes lesbianas se han reído mucho de mí cuando les he preguntado, con el mayor candor, sin malicia, cómo manejan el aspecto de la sexualidad. No estoy interesado en detalles técnicos, pero es obvio que hay algo que no es posible para una pareja de mujeres: la penetración. Todas ellas se ha reído muchísimo de mí, también candorosamente, y me contestan: "Es que no entenderías porque eres hombre."

Sin embargo, lo que me han dejado entrever es una sexualidad muy satisfactoria, muy agradable, con componentes de mayor delicadeza, quiero pensar, o de mayor exactitud y conocimiento de qué es lo que les gusta, y no tengo duda que esta mayor familiaridad de las mujeres con partos, secreciones, humedades, oscuridades, las haga desenvolverse con mucha tranquilidad en ese mundo, que para uno como varón es misterioso y hasta atemorizante.

SERGIO Sí, he oído lo mismo. Por lo que me han contado, sus encuentros eróticos pueden durar horas.

MARIO No lo dudo. Es envidiable la capacidad orgásmica femenina. El clítoris es un órgano extraordinariamente especializado en el placer.

La actividad homosexual masculina, según lo que me han comentado algunos conocidos, no es tan elemental como pudiera pensarse. Tiene más que ver con apapachos, masturbaciones y sexo oral que con la penetración, que es sistemática en el caso del varón heterosexual, para quien tener sexo sin penetrar a la mujer es algo casi impensable. En cambio, entre hombres homosexuales importa más el jugueteo.

SERGIO Mi siguiente pregunta no tiene una carga moral: ¿Los homosexuales son más promiscuos? Si me puede sugerir un adjetivo mejor que "promiscuos", se lo agradecería.

MARIO "Intrépidos", "audaces".

SERGIO Exacto. ¿Son más intrépidos y audaces los hombres homosexuales que las lesbianas?

MARIO Ellas son más selectivas. Pero las mujeres, en general, son más selectivas cuando tienen la oportunidad de serlo. Yo creo que ellas nos seleccionan siempre, aunque nosotros pensemos que es al revés. Sí, existe menos promiscuidad entre la comunidad gay femenina que en la masculina.

MARIO Pero en parejas establecidas las luchas de poder, la mecánica, la intimidad, el erotismo, todas las posibles áreas de conflicto y de satisfacción que existen, creo que son las mismas que en el caso de la pareja heterosexual, no se diferencian, son los mismos temas con mayor o menor neurosis. Y aquí sí vale la pena clarificar el término "neurosis".

La neurosis no es más que la existencia de conductas, formas de actuar, formas de relacionarse, formas de ser, que fueron útiles en un pasado distante —la infancia— pero ya no lo son en la actualidad. Sin embargo, el sujeto se empeña en continuar con ellas a pesar del sufrimiento, a pesar de la incomodidad, a pesar del conflicto. Digamos que es la persistencia de una conducta infantil (no digo infantil en el sentido derogatorio) que no funciona, que está produciendo broncas.

Mi admirado George Kelly decía que la neurosis no es otra cosa más que mala ciencia. Este hombre afirmaba que los seres humanos actuamos a la manera de un científico. ¿Y qué hace un científico? Ciencia. ¿Y cuál es el fin último de la ciencia? La predicción de los fenómenos para controlarlos. El científico se la pasa elaborando teorías e hipótesis respecto de lo que es el mundo para poder predecir lo que va a ocurrir y controlarlo. Según Kelly, los seres humanos hacemos exactamente lo mismo. No traemos una bata, no trabajamos en la nasa, pero todos nuestros actos tienen la finalidad de anticipar lo que va a ocurrir para poderlo controlar en mayor o menor medida.

Un buen científico, cuando sus hipótesis no concuerdan y los experimentos que hace no le salen, cambia de hipótesis, cambia de experimento, cambia de teoría. No insiste. Los que somos neuróticos insistimos en la misma pinche hipótesis a pesar de tres o cuatro divorcios. Es mala ciencia.

People tell me it's a sin
To know and feel too much within
I still believe she was my twin, but I lost the ring
She was born in spring, but I was born too late
Blame it on a simple twist of fate.

—BOB DYLAN, *Simple Twist Of Faith.*

A change in the weather is known to be extreme
But what's the sense of changing horses
    in midstream?
I'm going out of my mind, oh, oh
With a pain that stops and starts
Like a corkscrew to my heart
Ever since we've been apart.

—BOB DYLAN, *You're A Big Girl Now.*

Idiot wind, blowing through the buttons
    of our coats
Blowing through the letters that we wrote
Idiot wind, blowing through the dust
    upon our shelves
We're idiots, babe
It's a wonder we can even feed ourselves.

—BOB DYLAN, *Idiot Wind.*

La neurosis en la pareja
(y en los psiquiatras)

SERGIO Ya que usted se incluyó dentro de los neuróticos, doctor, esto es importante, porque cuando digo que tengo siquiatra, ya de ahí vienen las preguntas, y cuando les llego a hablar de usted les cuento que es especialista en parejas, y me preguntan que si es usted casado. Cuando les digo que lleva usted tres matrimonios, su impresión es que les estoy hablando de un nutriólogo obeso, ¿me explico? Ya aclaramos que en una pareja la terminación no necesariamente significa fracaso, pero la gente así lo ve.

MARIO Claro. Esa imagen que se puede tener de mí tiene tanto peso que una de las razones por las cuales yo no me divorcié en el momento en que debí haberme divorciado era: "¿Cómo me voy a divorciar si yo soy terapeuta de pareja? Qué pinche desprestigio. ¿Cómo me puede estar pasando esto a mí, que me las sé de todas, todas? Seguramente hay algo misterioso que no he descubierto, debería empeñarme más". Con esto lo que quiero hacer ver es que un terapeuta de pareja no es un señor que sabe todo acerca de la relación de pareja. Es alguien que fracasa. Lo que pasa es que para darse el lujo de fracasar o de aceptar que fracasó, puede pasar mucho tiempo. Yo he dicho, medio en broma y medio en serio, que la terapia de pareja a veces hace que un matrimonio dure más de lo necesario.

Terapia de pareja se entiende como una lucha por la relación, uno se une a la pareja para luchar porque esa relación continúe, y a lo mejor esa relación se prolonga uno o dos años más de lo debido.

Una broma dice que el terapeuta de pareja debe tener dos o tres matrimonios, por lo menos, que es parte del currículum. Que hay que conocer los inicios, los medios juegos, los finales, haberse divorciado, y haber fracasado. Yo no lo recomendaría. También hay terapeutas de pareja que han estado casados sólo una vez. Conozco a uno que llevaba 50 años de casado. La pareja terminó por la muerte de él.

Y sí, soy neurótico. Todos tenemos algún área que fue difícil de desarrollar adecuadamente en nuestra psicología, en nuestra conducta, en nuestra forma de entender el mundo. ¿Por qué? Porque esta sociedad no es la idónea, ni nuestros padres fueron idóneos, ni la escuela a la que fuimos fue idónea, ni el país es idóneo, ni ninguno lo es. Quiero suponer que las razones por las cuales los finlandeses, con la mejor educación en el mundo, con uno de los mejores sistemas sociales en el mundo, con uno de los índices más altos de longevidad, seguramente son menos neuróticos que yo en algunos aspectos, como los que tienen que ver la convivencia, la colaboración, la civilidad, etcétera. Pero seguramente son tan neuróticos como yo, o más, por la falta de luz, el frío, por la convivencia forzada, por las condiciones climatológicas. La familia adquiere otro valor, la religión se vive de manera diferente. Todos tenemos alguna problemática.

El punto de ser o no neurótico tiene que ver con tres factores, tres variables: intensidad, frecuencia y duración. Yo creo ser un neurótico normal: me angustio a veces. O sea, la frecuencia es baja. Cuando me angustio, me angustio con una intensidad moderada y la angustia me dura una hora. Era muy diferente hace 30 años, cuando yo me angustiaba por lo menos tres veces a la semana y me duraba 20 minutos una, 10 otra y 15 la otra, y la intensidad era altísima. Ahí, creo yo que estaba más neurótico, ahora lo estoy menos. La manejo mejor. Entonces, las variables son intensidad, frecuencia y duración.

En relación con ser un terapeuta de pareja que se ha casado tres veces, pues eso me da más cancha y más experiencia, y me permite entender una serie de cosas más cercanamente que alguien que no ha tenido ese tipo de experiencias. ¿Eso es mejor para mis pacientes? Pues habría que preguntarles a ellos. A algunos les asustará, creo que algunas personas ni se han atrevido a venir porque sienten que van a ver un nutriólogo obeso. Pero a otros les llamará la atención, "pues es que yo también soy divorciado". De cualquier manera, pienso que mi experiencia personal les hace más bien que mal.

Por otra parte alguien diría, "pues para usted es muy fácil separarse, dado que lo ha hecho dos veces, luego entonces va a tener pocas reservas para recomendar un divorcio". No es así. Yo pienso que el divorcio es uno de los procesos más difíciles y desgarradores que hay, no se lo recomiendo a nadie. Pero creo que sí soy más sensible a leer las señales de cuando una relación no funciona. Creo.

I loved you in the morning
Our kisses deep and warm
Your hair upon the pillow
Like a sleepy golden storm
Many loved before us
I know that we are not new
In city and in forest they smiled like me and you,
But now it's come to distances
And both of us must try
Your eyes are soft with sorrow
Hey, that's no way to say goodbye.

—LEONARD COHEN, *Hey, That's No Way to Say Goodbye.*

El divorcio es siempre desgarrador

SERGIO Entonces el divorcio es necesariamente desgarrador. Si dos personas que se querían se separan, les duele, por supuesto.

MARIO La idea no era ésa.

SERGIO ¿Qué ayuda a vivirlo lo menos dolorosamente que se pueda? Supongamos que alguien, en una librería, abre el libro en esta página y se acaba de divorciar, ¿qué le ayuda a sufrir menos?

MARIO Lo peor que le puede pasar a un matrimonio, por supuesto, es divorciarse, dejar de existir como tal. La segunda peor cosa que le puede pasar es la infidelidad. Y en ambos casos, lo primero es tomar en cuenta, con mucha seriedad, que no es el fin del mundo.

SERGIO Pero así se siente.

MARIO Así se siente, eso es inevitable. Pero no hay por qué tirarse por la ventana, ni cortarse las venas ni nada que se le parezca. Es muy útil tomar en cuenta que el divorcio es un proceso, uno no se queda así de por vida, sino que evoluciona. Los procesos iniciales en un divorcio son diferentes dependiendo de qué lado se esté. No es lo mismo haber promovido el divorcio, haber tenido la iniciativa, a que a uno le presenten los hechos y le digan: hasta aquí llegamos.

Del lado de la gente que promovió el divorcio, lo que se siente, habitualmente, es angustia por lo que viene, dudas de si tomó la decisión correcta. Y si ha tenido afecto por su pareja o aún lo tiene, siente culpa. Y si hay hijos, su sentido de responsabilidad hacia ellos se acentúa, por la culpa misma.

Pero también se siente estimulado por la sensación de liberación, por haber terminado el ciclo, y por no tener que afrontar a la misma persona todos los días. Lo cual es un tanto ilusorio, porque si se tienen hijos es un proceso que nunca se acaba. Hay que negociar constantemente, dineros, permisos, veinte mil cosas que tienen que ver con los chicos.

Del lado del que se queda: puede estar desde devastado, hecho pinole, hasta secretamente aliviado o aliviada, y pensando algo como: "Hasta que se largó este cabrón. Se me adelantó", como ocurre muchas veces.

Pero se está enojado, deprimido, angustiado. Probablemente lo que diferencia a los dos es que el primero, el que promueve el divorcio, se pudiera sentir angustiado pero liberado, en el mejor de los casos. Y el otro básicamente está deprimido (está también angustiado, pero más deprimido que angustiado) y muchas veces, enojado.

Ahora bien, a todos nos enseñan, implícita o explícitamente, cómo hay que conducirse en el proceso de inicio de la pareja. El proceso de selección, de seducción, de consolidación, de cómo tener pareja. Sin embargo, no nos enseñan casi nada de cómo conservarla (de cómo darle mantenimiento), y absolutamente nada de cómo terminarla.

Cómo darle fin a una pareja debería exigir el mismo o mayor cuidado que el inicio de la relación. ¿Por qué? Porque cuando se forma la pareja es una decisión compartida, es responsabilidad de los dos. Pero cuando la pareja se disuelve, generalmente es decisión de uno de los dos, no de ambos. Y tampoco se trata de convencer al otro, aunque al que se quiere salir de la relación le gustaría que el otro aceptase que la relación no está bien, y muchas veces eso no es posible.

Tendríamos que desarrollar toda una forma de terminar las cosas, que debería empezar por hablar con la verdad.

A mí, en ambas ocasiones me ha tocado ser el que aparentemente no deseaba el divorcio, aunque en el fondo sí lo deseara. Entonces siempre sentí que me ganaron, que no se había hecho un esfuerzo suficiente. Hasta en mi segundo matrimonio, a pesar de darme cuenta de que el que el asunto no funcionaba desde hacía mucho tiempo, había mucha resistencia de mi parte a aceptarlo. Por la edad… por muchas razones.

SERGIO ¿Qué quiso decir con "por la edad"?

MARIO La primera vez que me divorcié tenía 27 años y el mundo estaba ahí, esperándome. La segunda vez me divorcié de 44 años, me daba la impresión de que las opciones se habían reducido y tenía menos tiempo por delante, el mundo ya no me esperaba, cuando menos no una parte del mundo que yo conocía. Curiosamente estaba menos seguro de divorciarme la segunda vez que la primera. ¿Por qué? Porque en ese segundo matrimonio hubo más inversión emocional y más inversión en términos de proyecto.

En cambio, mi primera esposa y yo opinamos, aún ahora, que nuestro matrimonio fue un ensayo general con vestuario. Probablemente, ella se *haya casado* más que yo; ésa es otra faceta del matrimonio, alguien *se casa más* que el otro; en la segunda oportunidad yo *me casé más* que la otra persona. Lo cual no quiere decir, en absoluto, que yo sea bueno y ella mala.

SERGIO ¿*Casarse más* significa…?

MARIO Estar más comprometido. Había un terapeuta italiano llamado Vittorio Guidano (1944-1999) que era mi amigo. Me llamaba la atención que fuera un hombre solo a los 53, 54 años, porque indudablemente tenía mucho éxito con las mujeres de todas las edades. Era un tipo interesante, muy atractivo. Yo le preguntaba, "Oye, ¿y por qué estás solo?" Y él me respondía dos cosas: "Mira, eso de andar por ahí teniendo encuentros casuales ya me da un poquito de pereza. Por otro lado, a mi edad y siendo como soy, no me puedo arriesgar a tener un fracaso emocional, porque el efecto sería el mismo que chocar de frente a doscientos kilómetros por hora: me haría pedazos; entonces prefiero no". Yo lo encontraba muy dramático, pensaba que no era para tanto. Pero su forma de ser difería mucho de la mía; yo creo que he sobrevivido mejor a los fracasos emocionales. Él tenía otra estructura de personalidad.

SERGIO ¿Era más intenso?

MARIO Más vulnerable y más intenso, más neurótico. Nacer en Italia en 1944 debió ser más difícil que nacer en México en 1951.

SERGIO Utilizó el término "fracaso emocional". ¿Un divorcio es necesariamente un fracaso?

MARIO Del proyecto inicial, sí.

SERGIO ¿El hecho de que el divorciado se sienta fracasado es natural?

MARIO Claro. Emprendió la construcción de algo que al final no resultó. Sí es una inversión emocional, financiera, de vida, tiempo, veinte mil cosas. Y es un fracaso serio de ese proyecto de pareja, no de familia. Yo no estoy de acuerdo en eso de que la disolución de la pareja destruye a la familia. No. Siguen siendo familia, aunque los padres no vivan juntos. Habrá un cambio en la mecánica, habrá consecuencias, pero sigue siendo una familia.

Sí, es un fracaso. Pero en Occidente nos educan para el éxito, no para el fracaso. Y que se entienda bien, no quiero decir que a uno lo eduquen *para que fracase*. Pero tengo entendido que en Oriente a uno se le educa para saber qué hacer cuando fracasas, qué hacer cuando las cosas no te salgan bien. ¿Por qué? Porque se puede fracasar, no es que se deba, pero siempre existe ese riesgo y es bueno saber qué hacer. En Occidente, fracasar es sinónimo de imperfección y estupidez. Esto se debe a que creemos, de manera explícita o implícita, que de este lado del mundo tenemos que ser perfectos para que nos quieran. Si uno fracasa, resulta que no es perfecto, y si no es perfecto, entonces no es querible. Y eso es un error gravísimo. Es como cualquier empresa humana, puede fracasar: le echamos todas las ganas, teníamos todo y vino el huracán Gilberto y lo mandó a la chingada.

Don't you love farce?
My fault I fear.
I thought that you'd want what I want.
Sorry, my dear.
But where are the clowns?
Quick, send in the clowns.
Don't bother, they're here.

—STEPHEN SONDHEIM, *Send in the Clowns.*

Causas internas y externas del divorcio

SERGIO ¿Qué tanto se divorcian las personas por elementos externos y qué tanto por internos? ¿Qué tanto tiene la culpa la pareja y qué tanto su entorno?

MARIO Hay un esquema muy interesante y muy sencillo. Muy útil, creo yo. Lo que sostiene es que los dos miembros de la pareja experimentan atracciones dentro de la pareja, y también hay cosas que les atraen afuera de la pareja. Las atracciones internas en una pareja de cinco años de casados suelen ser estabilidad, seguridad emocional, conocimiento uno del otro, los niños, la casa, estabilidad. Las atracciones externas son novedad, aventura, etcétera. Teóricamente, las atracciones internas habrán de ser mayores que las externas, emocionalmente hablando. Pero si hablamos en plata no se puede comparar a una gringa guapísima de 22 años, en términos de atractivo inicial, con mi linda mujercita que está embarazada de mi tercer hijo en ese momento, visualmente hablando.

Aquí entra otro factor llamado *barreras*. Hay quienes tienen barreras altas, como la traición, la familia, el hogar. Hay quienes vienen de padres divorciados y jamás se divorciarían con tal de que evitar sus hijos pasen por lo mismo. Esas barreras altas impiden que uno se brinque para salir corriendo atrás de la gringa. Pero hay quien tiene barreras bajas: todo el mundo en su familia ha divorciado, es liberal de izquierda y su pareja también, etcétera. Las barreras de alguien así son muy bajas. Entonces, eso es un balance, una dinámica de atracciones internas y atracciones externas.

En tu obra *Los hermosos gitanos* usabas la frase "el deseo no se casa con nadie".

SERGIO Se la robé al doctor Aldo Carotenuto, otro italiano. Usted me la dijo.

MARIO Hay verdad en esa frase. El deseo, la curiosidad y la carencia están ahí, de una u otra manera. Yo estoy feliz en el matrimonio, me parece una relación estupenda. Pero hay áreas en las que hay cierta insatisfacción que ni siquiera es con ella, sino conmigo mismo. Estoy un poco gordo, estoy frustrado en algún aspecto, desearía una serie de cosas que no tengo.

¿Esto me hace vulnerable a atracciones externas? Pues sí. ¿En un momento dado puedo perder el balance, conocer a Perengana o darme cuenta de que mi vocación verdadera es vender casimires en Macao? A lo mejor. Puede venir el huracán Gilberto o algo que pasó adentro y, como Paul Gaugin, me largo a Tahití. Pero lo sensacional es que vivir en pareja es una tensión permanente ante todo eso, eso que parece que se quiere aplanar por decreto a la hora que uno está parado ante el altar: "amarse para siempre…", como si la tensión no existiera y todo fuera suavecito. Entonces no habría gradiente.

SERGIO El otro día mi amigo Horacio Villalobos, hablando de relaciones de pareja, dijo algo como: "Hay que vivir todo antes de casarse". Y yo le contesté: "¿O sea que casarse es morirse?" Y ésa es la sensación que he tenido siempre al respecto, como si casarse fuera el fin de todo.

MARIO Es que el matrimonio se plantea como una meta. Y eso se parece a algo que ocurre en psiquiatría. En el Instituto Nacional de Psiquiatría —como ahora se llama—, había una actividad de las más importantes en términos de enseñanza para los jóvenes que estábamos en entrenamiento para ser psiquiatras: la sesión clínica. Eso quiere decir que se presenta un caso, algún residente designado hace una historia clínica y presenta un caso que considere de interés y que el supervisor considere digno de ser presentado. Entonces lo que se hace es que todo mundo, en particular los psiquiatras con más experiencia, establezcan un diagnóstico y un plan de tratamiento.

Se presenta el caso: "masculino de treinta y tantos años, director de teatro, soltero, que presenta temor a las brujas", digamos. Todos hacen preguntas muy sesudas: cómo creció, dónde estudió, cómo es su examen mental, cómo está. Todo con la intención de tener un montón de datos y luego decir algo como: "el caso que usted presentó corresponde a una neurosis ansiosa, una neurosis depresiva, según el manual tal y tal... porque tiene esto y esto... más sus pruebas de laboratorio y sus exámenes sicológicos...". Tratamiento: Diazepam, 10 miligramos tres veces al día. Y todos muy contentos.

Para algunos, la sesión clínica era absolutamente frustrante porque allí empezaba lo interesante. Ya llegamos a un diagnóstico. ¿Ahora qué vamos a hacer con esto? ¿Cómo esperamos que evolucione? Si no evoluciona como esperamos, cuál es el plan alternativo, qué tipo de psicoterapia, quién, cuándo, cuánto tiempo, cuáles son las metas... Un mundo de preguntas después del diagnóstico, mucho más interesante que todo el rollo.

Lo mismo ocurre con el matrimonio.

Yo creo que Horacio Villalobos se refería a que hay que vivir todo lo que puedas para después vivir más, ahora como par, donde necesariamente

tienes que negociar, tramitar las mutuas dependencias: qué va a pasar cuando esté insatisfecho y
encabronado, cómo y cuándo plantearlo; se va a
solucionar o no... es interesantísimo *lo que sigue*
después de emparejarse o casarse. Pero no se plantea así ni tampoco se vive así.

Cuando me casé la primera vez, dije: y ahora
sigue la felicidad. Pues no...

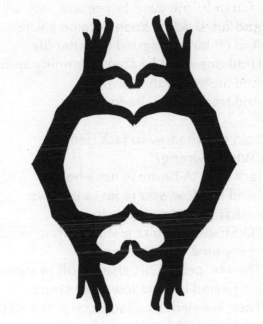

And his shadow soon became a wife
And children plagued his latter life
Until one night he took a skinning knife
And stole into the town
And tracked his shadow down.

Said the shadow to Jack Henry
"What's wrong?"
Jack said "A home is not a hole"
"And shadow, you're just a gallows
    that I hang my body from"
"O Shadow, you're a shackle from which
    my time is never done"
Then he peeled his shadow off in strips
He peeled his shadow off in strips
Then kneeled his shadow on some steps
And cried "What have I done?".

—NICK CAVE & THE BAD SEEDS,
    Jack's Shadow.

El misterio de la pareja

SERGIO La pareja es un verdadero misterio. Antes de empezar la entrevista hablábamos de dos personas que aparentemente no tienen nada que ver: uno de ellos es actor, famoso desde chiquito, muy talentoso, muy *hippie,* simpático y seductor de tiempo completo. Ella, en cambio, es niña bien de Zacatecas, consentida, dedicada al negocio familiar, no muy talentosa a mi manera de ver, y con un carácter difícil. Él encantador, moreno, ella antipática y *cherry blonde.* Un día se conocieron, me tocó verlo. Pensé que no iba a pasar de una aventura casual, pero estuvieron juntos ocho años. ¿Por qué?

Es muy obvio por qué se emparejan algunas personas. Tienen todo en común. Entre personas muy distintas puede haber una atracción animal, pero eso no puede hacer que duren ocho años. No creo, no sé.

MARIO Lo más sencillo es pensar que estas cosas del amor son un misterio. Podríamos decir que son crípticas, pero no, eso no nos lleva a ninguna parte. Parece ser que hay una cierta lógica en ellas, en la formación de una pareja, por más dispareja que pueda parecer en un principio. Cuando yo me empecé a meter en esto de los enamoramientos y de la pareja en sí ya constituida, tuve que buscar y buscar y leer mucho. Una pareja que llega a serlo, tal como la definimos anteriormente, sigue una secuencia habitual: atracción, deseo, erotismo compartido, enamoramiento, amor. Básicamente la atracción es un intenso interés que alguien nos despierta cuando se cruza con nosotros, y en quien focalizamos nuestra atención porque nos gusta, en tanto se encuentra dentro de nuestro campo visual. En el momento que dejamos de ver a la persona que nos gusta o gustó cesa de operar la atracción que ejerce o ejerció sobre nosotros. El deseo es algo más, es una especie de atracción que perdura y que nos hace buscar, y a veces encontrar, a la persona que ha despertado nuestro deseo. La pensamos, la recordamos. Es una atracción que perdura, que se instala en nuestras cabezas. El deseo es un ansia de goce, de gozar con la persona a quien deseamos.

El erotismo es algo estrictamente humano que tiene que ver con todos aquellos procesos psicológicos, en tanto pensamientos, emociones y conductas, que se construyen en un cierto contexto cultural —esto es, lo que es erótico para los japoneses puede no serlo en absoluto para los zulúes— y que tienen que ver o que se dirigen en última instancia a la experiencia del placer y el orgasmo.

El enamoramiento, el apasionamiento, se construye sobre el erotismo compartido y el amor se construye sobre el enamoramiento; todo ello dará lugar a una relación más formal en donde hay hijos y que, entonces, se constituye como una familia. Este proceso, esta secuencia, tiene una serie de etapas; ésta de la que estamos hablando es la etapa uno si evoluciona o cero si no pasa de ahí, la etapa de encontrarse y escogerse mutuamente, de empezar a consolidar una pareja como tal.

Carl Jung tiene mucho que decir y sintetiza la posición de otros estudiosos, sobre todo psicoanalistas. Jung, habría que recordar, se forma como psicoanalista con su maestro San Segismundo de Viena, alias Freud, con quien rompe después de una larga relación debido al autoritarismo, entre otras cosas, de San Segismundo. Continúa su carrera y funda una escuela por su cuenta. Jung lo que postula es que las atracciones son *arquetipales*, atracciones de arquetipo a arquetipo. Y aquí tenemos que ponernos de acuerdo en los términos: entiendo por arquetipo una configuración, a la manera en que estaría programada una computadora, psicológica. Y entiendo por psicológico la unión de afecto, pensamiento y conducta; lo psicológico sería el conjunto de emoción, pensamiento y conducta, es decir, lo que siento, lo que pienso y lo que hago. Conjunto de experiencias subjetivas, de acciones. Esta configuración psicológica específica se "echa a andar", se estimula, en presencia de alguien o de una circunstancia particular. Por ejemplo, frente a ti, Sergio, que eres una persona más joven, se me estimula, por decirlo así, el arquetipo del padre, del maestro.

Lo *arquetipal*, de acuerdo con Jung, es resultado de la experiencia de la especie humana, de lo que hemos vivido todos los seres humanos durante los más o menos seis millones de años que tenemos en el planeta.

Nuestros primeros antecesores, quienes se bajaron de los árboles y mantuvieron una posición erecta, han tenido una evolución lenta. Han pasado desde entonces seis millones de años, son un montón de generaciones, 240 000 para ser exactos. Para visualizar lo que esto significa, imagina lo siguiente: si yo me paro en el centro de la ciudad de México y atrás de mí coloco a mi padre a un metro de distancia y atrás de él a su padre, mi abuelo, a uno metro y atrás de él al padre del padre de mi padre y continuamos así, ¡la fila terminaría 25 kilómetros delante de Querétaro! Esas 240 000 generaciones viven cosas comunes, son niños, adolescentes, son adultos, se enamoran, son padres, son madres, son hermanos, son guerreros, se especializan: recolectoras, cazadores, artesanos, etcétera.

Hay cierta experiencia común, ciertos roles comunes, digamos que eso es lo *arquetipal*, el ser madre, ser padre. El ser amante, estar enamorado, ser viejo, ser hijo, ser maestro, es *arquetipal* en la medida en que es una experiencia que se repite y que, de alguna manera, cuando una persona se encuentra en contacto con otra o en una situación dada, esa otra persona o esa situación le van a echar a andar una manera de sentir, pensar y actuar, que es el arquetipo en acción o, en lenguaje *jungiano*, el arquetipo es "constelado", activado.

Cuando tú tengas un hijo, él te va a echar a andar el arquetipo padre; si te casas va a ser activado el arquetipo esposo; eres gente de teatro, serías el arquetipo del juglar, el bufón.

La personalidad, desde el punto de vista de Jung, es como una cebolla: está estructurada en capas. La más superficial, la capa que se da al mundo y es la *persona* en el sentido griego original: la máscara, la máscara que usaban los actores para amplificar la voz y representar al personaje que el público ve. La máscara, en aquellos que no nos dedicamos al teatro, es la persona: lo que la gente ve de nosotros o con lo que nosotros nos identificamos o lo que queremos que vean los demás. Detrás de esa máscara o de esa *persona* está otra capa: la *sombra*, es todo lo que uno no cree que es, pero que sí es. O sea, todo aquello con lo que uno no se identifica y que negaría enfáticamente cuando alguien le señalara algún rasgo de ella.

En la novela de Robert Louis Stevenson, el Dr. Jekyll es la persona y Mr. Hyde es la sombra, ambas manifestaciones del mismo individuo, de la misma personalidad. Atrás de ella estaría otra capa, otro arquetipo, que en el caso de la mujer es el que representa todo lo masculino en ella: el *animus*. Y en el caso del hombre hay una capa que es todo lo femenino en él: el *ánima*. Atrás de eso estaría el *self*, que sería como la totalidad de la personalidad. Utilizando esta conceptualización arquetipal, la atracción se va a dar de persona a persona, de sombra a sombra, de *ánima* a *animus*, y de *self* a *self*, y otras posibles combinaciones, dependiendo de la evolución del individuo.

La atracción de persona a persona se da, habitualmente, en alguien joven, poco diferenciado. O de sombra a sombra.

Imaginemos una niña bien de 16 años, muy linda, pura y casta, falda tableada, mocasines, tobilleras, suéter de casimir, muy propia, que va a misa. Muy *persona*, muy ideal, de la que todo mundo dice "que chica tan linda, tan formal, tan discreta, tan mona". Imaginemos también a un muchacho que va a el Colegio de México o, Dios no lo permita, en alguno de los legionarios. Usa suéter de casimir, pantalón de casimir, bien planchadito y peinadito.

Estos dos, que son ideales dentro del grupo, que van a misa, cantan en el coro y que se enamoran, serían los componentes de una relación de persona a persona. Mientras que si esa muchachita se enamora de un *punketo*, de pelo parado, que anda en moto, que por tercera vez cursa el tercer año de preparatoria y fuma mota, ese enamoramiento sería de sombra a sombra. Él es todo lo que ella no cree que es, ni con lo que se identifica, pero que sí es. Ella no sería *punketa* nunca y él nunca sería tan fresa como ella...

SERGIO Pero realmente él tiene una sombra que sí es fresa.

MARIO En este caso la atracción de sombra a sombra es muy fuerte, y para los que estamos afuera resulta inexplicable. ¿Qué tiene que hacer la niña bien de Zacatecas con el actor medio hippie, más sensible, del que hablabas antes? Uno podría decir, desde esta perspectiva jungiana, que en el fondo él, más allá de la superficie de su persona, su sombra o su *ánima* es como ella, y él es la sombra o el *animus* de ella. Hay una atracción brutal, y generalmente es una pareja muy energetizada, muy pasional. Muy de "no puedo vivir contigo, pero tampoco sin ti".

SERGIO ¿Esto quiere decir que la sombra es más fuerte que la persona?

MARIO Sí en la medida en que *no* te identificas con ella y que es más o menos inconsciente.

SERGIO A esta niña de faldita tableada le atraerá siempre más el marihuano que el niño bien portado, ¿o no?

MARIO Digamos que no exactamente; el marihuano le mete más emoción, ya que existe menor control racional y más pasión, más intensidad. La atracción es diferente, es la atracción de lo desconocido, más peligroso en la medida que ella no lo tiene integrado.

Aquí vale la pena decir que, para Jung, el sentido de la vida de una persona es llegar a la individuación, eso quiere decir la integración, en la medida de lo posible, de todos estos arquetipos. Un sujeto bien integrado puede ser el Dr. Jekyll o Mr. Hyde a voluntad, de una manera consciente y clara.

La sombra es del tamaño o más grande que la persona en la medida que se niega. Así las cosas, imagínate el tamaño de la sombra de, por ejemplo, el repugnante Marcial Maciel o, más provocadoramente, el carismático y genocida Karol Wojtila, su casi santo protector.

SERGIO Hay que expulsar esa sombra.

MARIO Expulsarla no, mejor "controlarla", modularla. Saber que ahí está y "usarla", en lugar de ser usados por ella, cuando sea necesario o pertinente. De la misma manera que habría de controlarse, contenerse a la persona.

Podemos pensar que una rocanrolera desmadrosa, promiscua, en el fondo de su corazón trae una señora legionaria de Cristo. Quiero decir con esto que para Tony Soprano, por ejemplo, su sombra es su vecino el doctor, un cardiólogo muy propio que es todo lo que Tony jamás sería, él *wiseguy* (un mafioso) y el otro es un pobre pendejo. Y para el cardiólogo, Soprano es todo lo que él no sería nunca: un naco, un ratero. Pero, en el fondo, sí lo es.

Esta explicación jungiana me parece muy provocativa.

SERGIO Es extraordinaria, ahora que lo explicó me emociona, me parece cierta en la medida que es bella. Estoy totalmente dispuesto a creerla.

MARIO Yo la creo.

SERGIO No sé si me parece certera porque es bella, o bella porque es certera. Creo que es las dos cosas. Está perfectamente integrada, tiene una lógica aparente brutal y, además, es inquietante.

MARIO Jung es muy interesante, pero a mí me aburre supremamente leerlo de manera directa.

SERGIO ¿Es aburrido?

MARIO A mí me lo parece. Pero leer a la gente que ha escrito sobre él, como James Hillman en particular y otros tantos, Thomas Moore, Aldo Carotenuto, Jean Shinoda Bolen, es apasionante, por momentos bello, como bien dices.

Digamos que para Jung, y por supuesto es siempre mi interpretación, los enamoramientos y las atracciones de la gente joven son típicamente de persona a persona, o de sombra a sombra, ya más adultos sería *ánima-animus;* y entre cincuentones, deseablemente más integrados, que se relacionan más globalmente, sin tantos puntos oscuros, sería de *self* a *self*.

Pero en el caso de unos chavos de 25 años, por ejemplo, hay muchas cosas inconscientes y proyecciones, simplemente por la edad que tienen, no hay otra razón, y por eso la pasión. Claro que, de repente, a cualquiera se le puede aparecer su sombra.

¿Cómo se llama la actriz y performancera que protagonizó tu obra *Los hermosos gitanos*?

SERGIO Katia Tirado.

MARIO Siempre olvido su nombre. Y eso tiene una razón: me parece una mujer extraordinariamente atractiva, en la medida en que es tan ajena y tan diferente a mí. Me da pánico entrarle a su mundo, viniendo de donde vengo. En la película *El ángel azul*, el maestro de secundaria Immanuel Rath se enamora de Lola Lola (Marlene Dietrich). Para él, ella es su *ánima;* para ella, él es su sombra, y quizás algo de *ánimus*. Está muy joven para tener ese *ánimus*, pero lo tiene en potencia.

SERGIO ¿Y una relación de sombra a sombra cómo sería?

MARIO En el caso de Lola Lola y Rath hay algo de eso, él es la sombra de ella, en el caso de él, por la edad y por la evolución, ella en parte es como su *ánima*, un *ánima* muy cabrona. Hay de *ánimas* a *ánimas*.

Si he entendido bien el pensamiento jungiano, toda mujer es una bruja, hija de la chingada y también un hada, un ser luminoso, lindísimo. Y uno, como varón, puede ser protector y generoso o ser un hijo de puta, violento, asesino. Ella y él, buenos y malos, complementos opuestos.

Por ejemplo, mi ánima en negativo pudiera ser alguien como Katia, y mi ánima en positivo podría ser mi mujer Alicia. Claro que Alicia en los hechos es muy linda, pero tiene una parte hija de la chingada, del mismo modo que yo tengo una parte hija de la chingada. El punto es tenerla integrada: yo puedo reconocer en mí partes muy difíciles que no puedo achacarle a ella. Yo puedo ser un cabrón, y no porque ella me provoque. Y al revés: ella es una hija de la chingada porque lo es, no porque yo se lo saque, porque más o menos la conozco y me conozco a mí, conozco esa ánima, la he visto en diferentes manifestaciones y sé que es mía. Pero a los 25 o 30 años, yo decía: las mujeres son unas hijas de puta o son unas diosas, sin medias tintas. Por eso estoy diciendo que para el profesor de *El ángel azul*, Lola Lola es su *ánima* en negativo o en positivo/ negativo, y él la sombra de ella en negativo: un intelectual absolutamente inútil y estéril; y también lo es en positivo: un papá amoroso, generoso, protector, que pone límites.

PARA SABER MÁS...

El ángel azul (1930). Es una película producida y dirigida por Josef von Sternberg, basado en la novela de Heinrich Mann *Professor Unrat*. Está considerada como uno de los mejores filmes sonoros alemanes de todos los tiempos. *El ángel azul* escandalizó en los años treinta porque Marlen Dietrich, en el papel de Lola Lola, apareció con los muslos descubiertos, y fue una de las primeras mujeres en la historia del cine en hacerlo. El argumento de la película trata sobre una cantante de cabaret (Lola Lola) e Immanuel Rath (Emmil Jannings), un profesor de escuela preparatoria de varones, sexualmente reprimido, quien es seducido y destruido por la demoníaca obsesión que le produce la cantante.

Robert Louis Stevenson (1850-1894). Autor de algunas de historias como *La isla del tesoro* y *El extraño caso del doctor Jekyll y míster Hyde*, llevadas varias veces a la pantalla en el siglo xx. Su obra ensayística fue decisiva para la estructura de la novela de peripecias. Tuvo continuidad en autores como Joseph Conrad, Graham Greene, G. K. Chesterton, H. G. Wells, Bioy Casares y Jorge Luis Borges.

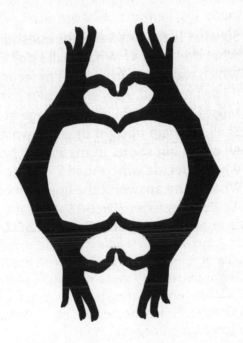

So what is the answer 2 the question of U?
What do I look 4? What shall I do?
Which way do I turn when I'm feeling lost?
If I sell my soul, now what will it cost?
Must I become naked - no image at all?
Shall I remain upright or get down and crawl?
All of the questions in my life will be answered
When I decide which road 2 choose
What is the answer 2 the question of U?

—PRINCE, *The Question of U.*

No hay fórmulas para
la pareja perfecta

SERGIO ¿Se parece la pareja a alguna otra cosa en el mundo? Creo que éste es el problema: si yo le pregunto a usted cómo debo hacer una pareja exitosa con la mujer de quien estoy enamorado, no me parece que haya nada con lo que se pueda plantear una analogía lo suficientemente precisa, es decir, no creo que usted me pueda decir: pues mira, la pareja es como una flor, y cuando viene el viento la tienes que cuidar y le tienes que echar agüita… Es muy insuficiente.

Cualquier metáfora en la que yo pueda pensar es insuficiente. A lo mejor hay muchas metáforas suficientes para distintos momentos de la pareja. Tal vez la pareja es como una flor a veces. Y cuando es así, hay que taparla del viento. Pero no hay nada a lo que la pareja se parezca de forma constante. Por ejemplo, yo últimamente he tenido cambios en mi vida, y mi novia está un poco resentida de que yo no la vea con tanta frecuencia. Tengo otras cosas y ella lo resiente. Yo podría llegar a estar en el lugar emocional donde está ella en otro momento.

Esta situación me lleva a pensar en lo siguiente: uno come en la fonda de la esquina o en el puesto de la calle todos los días. El *foie gras* es para una vez al mes, para que no se vuelva aburrido.

Samuel Beckett dice que la rutina es el cáncer del tiempo. Entonces, ¿por qué existe este deseo de hacer pareja y de ver a alguien todos los días, si de algún modo va a perder cierto encanto. Si el *foie gras* se come diario, se convierte en tacos de canasta.

Este análisis, en cuanto lo digo siento que es ridículo, porque pienso que los seres humanos están cambiando constantemente. A nivel científico está demostrado que renovamos nuestras células cada 15 minutos — estoy exagerando—; esencialmente somos los mismos, pero tenemos arquetipos que de pronto se despiertan. Es decir, en un momento dado yo estoy reaccionando como lo haría mi tataratatarabuelo que se acababa de bajar de un árbol.

Pensar en la pareja me resulta abrumador a nivel soluciones, es decir, ahorita usted me explicó perfectamente por qué dos personas que yo pensé que no tenían nada que ver resulta que tienen todo que ver. Me queda clarísimo dónde está la atracción. Pero, ¿y luego?

Insisto, siento que la pareja no se parece a nada. Recuerdo cuando se puso de moda la psicología evolutiva. Yo tengo algunos amigos científicos que viven en Boston y asisten a universidades como el Massachusetts Institute of Technology (MIT).

Entonces, cuando vino el auge de la psicología evolutiva, ellos estaban muy entusiasmados, porque les abrió la puerta a una especie de cinismo. Nunca habían tenido pareja, o habían tenido muy pocas, y se agarraron de la psicología evolutiva para decir que la pareja no era más que la naturaleza exigiéndonos que nos enamoremos y nos emparejemos para tener hijos.

Mario Para tener hijos y para que uno se vaya de la casa de sus padres.

Sergio Para perpetuar la especie.

Mario Básicamente.

Sergio Es decir, una mujer se enamora de mí porque me ve las cualidades necesarias para que yo cuide a la criatura que vamos a tener. Ella no lo sabe, yo no lo sé, y la criatura que vamos a tener tampoco, pero así es.

Una vez, yo estaba con estos amigos en un aeropuerto y vimos a una pareja joven con su bebé. A la chica sólo le faltaba un poco de maquillaje y un descanso para ser guapa, pero ya estaba convertida en una mamá, su actitud era otra. Y él tenía una cara de "trágame, tierra", con un hastío impresionante, y volteaba a ver al hijo pensando: "¿en qué momento me metí en esto? Adoro a mi hijo, pero estamos en un pinche aeropuerto y no se queda quieto".

Ver a ese joven papá hacía que mis amigos dijeran que tenía esa cara porque su función como esposo había terminado. Ella ya tenía a su hijo, no le importaba verse guapa para él, porque ya no le interesaba. El hombre acababa de pasar a un segundo plano y sólo servía para ayudar a cuidar al bebé. Era una imagen perfecta para que mis amigos vinieran a decir: "la pareja no existe". Pero la explicación de la psicología evolutiva también es insuficiente.

Acaba de estrenarse en el Festival de Cannes una película de Lars Von Trier que me tiene muy intrigado. No la he visto aún. Se llama *Anticristo*. En ella, una pareja está haciendo el amor, y justo en el instante que ambos llegan al orgasmo, su hijo de ocho años se avienta por la ventana.

¿Qué es lo que les ocurre a esos dos después de eso? Se supone, como dice Tennessee Williams, que lo opuesto a la muerte es el deseo, pero justamente cuando ellos estaban en el *clímax* del deseo es cuando ocurre la muerte; entonces están metidos en una paradoja espantosa de la que no pueden salir.

Lars Von Trier a lo que se dedica es a crear infiernos espeluznantes. A mí me cae hasta gordo, en el fondo creo que es un fresa, un tremendista. Pero pendejo no es. El personaje masculino en la pareja de *Anticristo* es psicólogo. Están en su casa de campo cerca de Seattle, Washington, y él le pregunta a ella, "¿A qué le tienes más miedo?", y ella le dice, "Al bosque". Y van al bosque, como si fueran Adán y Eva regresando. Tienen sexo furioso sobre las raíces exteriores de un árbol inmenso, y de pronto ella afirma, "Estoy curada".

En la crítica del *New Yorker* advierten: "Si usted se sale cuando ella le mete un taladro en la pierna a su marido, y luego se corta cierta parte del cuerpo a sí misma con unas tijeras, no lo culpo, sálgase".

Me da la impresión de que la sombra está afuera y la persona está derrumbada, pero siguen siendo una pareja. ¿Por qué se llama *Anticristo*? Estoy hablando de una película que no he visto, pero supongo que se llama así por lo siguiente: si la salvación del mundo viene por el nacimiento de un niño, la perdición del mundo viene por la muerte de un niño. Decir que *va a nacer el Anticristo* es una pendejada. El caso es que estos dos siguen siendo una pareja a pesar de que el niño ha muerto. Luego entonces, la psicología evolutiva es una payasada.

También ocurren otras cosas en la trama, hasta la destrucción misma de la pareja. El tema es abismal, doctor. No hay analogía que lo resista, no hay nada que se le parezca lo suficiente.

El amor que uno pueda sentir por un hijo es clarísimo, o por un padre, o por la naturaleza, pero esta cosa que se siente por una persona que uno elige y al mismo tiempo no elige para pasar la vida o un rato de la vida, por medio de lo cual uno aprenderá una serie de cosas, a veces a un costo muy alto y en lo cual habrá dolores y placeres enormes, y al final la muerte, inevitablemente.

Es decir, conforme hemos ido hablando de todo esto y yo he aprendido las cosas que usted me ha dicho, a través de estas entrevistas y a través de mis experiencias con parejas que no han sido muy duraderas, me abisma. Creo que es como montar *Hamlet*. Yo puedo explicar ahorita *Ricardo III*, puedo explicar *El rey Lear*, puedo explicar *Macbeth*, por lo menos aquí en mi cabeza. Puedo decir de eso y aquello y habría que escenificarlas de tal o cual modo. *Hamlet*, en cambio, es totalmente imperfecta, llena de vericuetos y de inconsistencias, y por eso es abismal. Creo que la única manera de entrarle es así, diciendo: no nos va a salir perfecta y en una de ésas nos encontramos con lo que menos queremos encontrar en el mundo.

Hamlet es una obra que puede escupir a quien se atreva a montarla. Es un potro que puede tirarlo a uno y romperle la espalda para siempre, a nivel artístico, y no estoy exagerando. Y pienso que la pareja puede ser algo así. O tal vez necesito traer a Warren Beatty para que me diga que la vida es bella.

MARIO Nomás es cuestión de conocer a Annette Bening.

SERGIO Son una pareja que se ve muy plena. Lo cual me recuerda que hace poco estaba con alguien muy cínico y vimos en una foto una pareja que se veía muy guapa y feliz. "Mira qué bonita pareja", me dijo el cínico. Y añadió: "Estos dos deben haber cogido con todo el mundo. Porque ésa es la única manera de tener una bonita pareja, engañándose todo el tiempo". No sé, me asusta la pareja, me abisma, me duele, me fascina, por supuesto, y no se parece a ninguna otra cosa. Creo que existen la vida y la muerte, y además existe esta otra cosa, llamada pareja, ahí en medio.

MARIO Sí.

SERGIO No sé, dígame algo.

MARIO Es que estoy muy entretenido oyendo lo que dices.

SERGIO Son muchas cosas que no alcanzo a conectar. Es algo que se conecta con una parte de mí que no alcanzo a percibir. Por eso me fascina tanto. No sé. Insisto en el misterio. Ahora me han develadas algunas capas del misterio gracias a Jung y sus explicaciones tan hermosamente sencillas. Pero la pareja no es sencilla, doctor.

MARIO No, no lo es.

Cuando pasas mucho tiempo viendo al abismo,
el abismo te empieza a ver a ti.

—**FRIEDRICH NIETZSCHE.**

La pareja es un abismo

MARIO Todo el asunto de la persona, la máscara, el ánima y demás, viene en un librito de Jung muy corto, a diferencia de los enormes chorizos que suele asestarnos. El título mismo, si recuerdo bien, es muy bonito: *El matrimonio como relación alquímica*, o sea, una relación en la que uno se va a transformar en lo que es. La idea común en la alquimia es buscar la piedra filosofal, aquella que va a convertir todo en oro, y también buscar el elixir de la eterna juventud.

El sentido de la alquimia es que el alquimista, en la búsqueda de esa piedra filosofal, se transforma a sí mismo; no es que se convierta en oro, sino que llega a integrarse, llega a ser quien es, llega a ser un sujeto individuado. El matrimonio, entonces, es un crisol del que vamos a salir transformados, deseablemente en lo que somos desde siempre o en lo que aspiramos a ser: sujetos integrados, bien diferenciados, individuados, todo ello después de la confrontación con nosotros mismos por medio del otro u otra.

Una perspectiva muy diferente a la jungiana, pero que tiene puntos de contacto, es precisamente la perspectiva evolutiva, no en el sentido darwiniano, sino en tratar de entender cómo es que la mente ha evolucionado para llegar a ser lo que es; la mente y su cerebro, por supuesto. Y desde esa perspectiva, lo que va a organizar las funciones del cerebro o la mente son dos ejes fundamentales: uno es la necesidad de protección y otro es la reproducción, ambas, claro, con una base biológica indudable.

Los organizadores máximos de la conducta humana son la necesidad de protección y la reproducción, todo lo que hacemos es para eso, y el puente entre estas dos es el amor, que lleva a las personas a protegerse unas a otras y, en el caso de la pareja, a la reproducción.

La gente que tiene una preferencia homosexual no se reproduce, pero se protegen y además, esto de la reproducción siempre estuvo ligado a la sexualidad. Pero desde los años cincuenta para acá están desligadas en la medida en que se puede regular la reproducción por medio de la píldora, de manera tal que no siempre la relación sexual va a significar un embarazo, como ocurría con nuestras madres y abuelas. Con la píldora, el invento más importante del siglo pasado, se desacopló la reproducción de la sexualidad, que no del erotismo.

Hoy en día puede haber sexualidad sin amor ni erotismo, incluso sin relación, se puede ir a un banco de semen o conseguir una donadora de óvulos, sin erotismo ni sexualidad ni vínculo, sin siquiera saber de quién. Ahora todas esas cosas están desvinculadas, parece novela de Aldous Huxley.

Pero eso como que ya no es tan humano, más bien es la deshumanización del erotismo, del amor y tal.

Teóricamente, el amor une a la pareja heterosexual u homosexual. Lo que tú dices de la pareja... también me pasa algo similar, me abisma, me fascina, me asusta, me maravilla. Muchas veces me dan ganas de hincarme y decir: ¡no puede ser!, qué cosa tan interesante, tan bien hecha, la pareja en armonía y en desarmonía. Qué manera tan especial de hacerse la vida mierda o de complementarse, favorecerse, nutrirse mutuamente, desarrollarse.

SERGIO Está diseñada como de manera divina, en el sentido estricto de la palabra.

MARIO O diabólica. Que a veces puede parecer lo mismo. Hay una sensación de vértigo ante algo tan complejo como la pareja. Lo que dices de que no hay nada que se le asemeje, de que no hay analogías o metáforas y, si las hay, son circunstanciales, circunscritas a un determinado momento, es interesantísimo, porque no hay modelos. No se puede decir: el modelo tal se aplica a... todos los modelos son incompletos.

Lo cierto es que hay una atracción, y una atracción sigue ciertos parámetros, ciertas reglas, desde las de crianza (la forma en la que nuestra madre o cuidadores se vincularon con nosotros) las arquetipales, y las bioquímicas. Todo este asunto de las feromonas; hay gente que nos prende de manera espectacular, y que a veces no es gente que uno podría considerar atractiva ("no es mi tipo, pero me encanta") y por otro lado hay gente que es bellísima y sólo nos produce bostezo. El sentirse fuerte e irremediablemente atraído hacia el otro tiene que ver con la feromona y los ciclos hormonales y lo consciente e inconsciente, sombra, arquetipo, etcétera.

La pareja, el otro o la otra, habrá de confirmar lo que pienso de mí, o lo que creo que ella piensa de mí. La pareja hace que el mundo emocional en el que habito sea más fácil de predecir.

Uno no sabe qué va a pasar durante los primeros contactos o miradas. De hecho, el no saber qué va a pasar es parte de la excitación. O no sé si me van a hacer caso, y si me hacen caso, no sé cómo vamos a funcionar en la cama. Y si funcionamos en la cama, ¿qué pasará cuando vivamos juntos? Luego vamos a tener un hijo y no sé qué va a pasar. Después, ¿qué va pasar cuando tenga 40 años? ¿Qué tal si un mal día se descarrila todo esto? Porque apareció alguien más, porque dejé de amarla o porque ella dejó de amarme. Eso ocurre, típicamente, cuando no le hago caso, o cuando ella a mí no me hace caso. Pero a veces, haciéndome caso, igual me desenamoro.

Uno quiere poner todo ese misterio en orden para tener una pequeña certidumbre. Algo central en la psicología de los seres humanos, en el sentido de emoción, pensamiento y conducta básica, es la posibilidad de que uno pueda anticipar lo que va a ocurrir, de evitar la incertidumbre y el caos. Lo que se traduce en una especie de algoritmo o receta de cocina: "si siento y pienso tal cosa y si me comporto de tal manera, y siento esto y lo otro... lo que sigue debe ser tal cosa". "Si soy lindo y atento con mi pareja, lo que sigue es que me quiera mucho". ¿Ocurre?, sí, sí ocurre y, entonces, continúo comportándome así.

Hasta que un buen día, aunque me siga portando bien, resulta que ya no. La pareja, en un momento dado y de manera inevitable, va poner a prueba todas mis construcciones acerca de ella, acerca de mí y acerca del mundo. Y lo va a hacer en donde más duele: a nivel emocional, a nivel sexual, erótico. Lo que yo sienta por ella, o por él, ya no tiene significado.

La pareja es una especie de laboratorio cognitivo, emocional, conductual, sicológico. En el peor de los casos no evoluciono, no me muevo, no cambio; en el mejor, me muevo y cambio para bien. En otro momento puede ser tal la cantidad de cambios que me exige o la incertidumbre que me genera la vida en pareja, que llega un momento en que tengo que parar; pueden pasar las tres cosas en diferentes momentos y generar un movimiento de desarrollo para ambos.

Hace muchos años tú mismo me decías que tenías relación con no sé quién, y me decías que las relaciones son como los tiburones: si no se mueven, se mueren.

SERGIO Lo dije citando a Woody Allen en *Annie Hall*.

MARIO Pero lo dijiste haciendo referencia a una relación tuya, y me impresionó mucho. Sí, las relaciones que no se mueven se hunden, pero las que se mueven demasiado, también. Y eso que llaman el punto medio es una payasada, ¿cuál es el punto medio, el punto medio de qué?

SERGIO Sí, esa expresión no me dice nada.

> And you may find yourself living in a shotgun shack
> And you may find yourself in another part of the world
> And you may find yourself behind the wheel
>   of a large automobile
> And you may find yourself in a beautiful house,
>   with a beautiful wife
> And you may ask yourself -Well...How did I get here?
> Letting the days go by
> let the water hold me down
> Letting the days go by
> water flowing underground
> Into the blue again
> after the money's gone
> Once in a lifetime
> water flowing underground.
> And you may ask yourself
> How do I work this?
> And you may ask yourself
> Where is that large automobile?
> And you may tell yourself
> This is not my beautiful house!
> And you may tell yourself
> This is not my beautiful wife!
> **—Talking Heads, *Once in a Lifetime***

MARIO Entonces, ¿cómo garantizar qué, si no hay garantías? Las únicas garantías están en la posibilidad de predecir. Y de ahí la necesidad de anticipar lo que va a pasar, necesidad como tal, emocional, psicológica, de pertenencia, de posesión, porque me da más sentido de control de las cosas. Si le pido a mi mujer que se reporte conmigo cada tres horas, puedo resultar muy neurótico, en el sentido de inadecuado o de angustiado, pero el hecho de que se reporte me da una certidumbre —ilusoria por supuesto— de que ella no se acuesta con nadie más. Claro que me puede llamar desde la cama del hotel donde está con el amante, como yo lo hice alguna vez con una mujer que me exigía que la llamara cada cuatro horas. Pero esa exigencia tiene un sentido, uno se autoengaña. Pero no debería ser así si la otra persona me ama.

Yo tengo dos ejes que me organizan psicológicamente, que le dan sentido y dirección a mi vida, uno de protección, otro de reproducción, este último ligado al erotismo-amor. El amor, por cierto, es una construcción cultural. En buena medida uno ama en la forma en que lo hace por los modelos que ha observado en el cine y la literatura, y en casa: el primo Paco que tenía una novia muy guapa a la que conquistó siendo muy caballeroso y romántico. En el cine, viendo a Brad Pitt ligarse a la esposa de su hermano siendo parco, callado, protector y respetuoso. Eventualmente uno va uniendo este tipo de modelos o haciendo más propias las formas de amar, más personales. En la vida, en la evolución, uno llega a tener un estilo particular. Todo eso, el amor, el erotismo, tienen la intención de hacernos sentir más seguros.

Creo que Wilhem Reich decía que los seres humanos preferimos la seguridad a la felicidad. Eso es absolutamente real. La seguridad es la tranquilidad, no la felicidad, pero se parece. En esos términos la felicidad, teóricamente, estaría más bien en la exploración, en el descubrimiento, pero es algo muy cansado y muy arriesgado.

Yo apoyo absolutamente, por experiencia clínica y por mi vida fuera de estas cuatro paredes del consultorio, que la gente viva lo que tenga que vivir, antes de meterse en una relación de compromiso y formar una familia.

Me hablaba hace rato una paciente para cancelar la cita de hoy y lo primero que dice es: "Doctor, me echó la sal, nos vimos hace un mes cuando me fui a vivir con mi novio y usted me dijo 'no te vayas a embarazar'. Y estoy embarazada". "¡No me digas!", respondí. E inmediatamente me preocupé. Esta joven es la primera vez que tiene una relación importante, relativamente corta, ha tenido muy pocas relaciones significativas, y está hoy metida en una situación en la que tiene que tomar decisiones importantes: si decide continuar con su embarazo y vivir con el papá de su hijo es toda una aventura de vida, y si decide no hacerlo, también es una aventura.

Pero de pronto me imagino que esta chica pudiera convertirse en la misma persona del aeropuerto a quien tú hacías referencia, dentro de un año o dos años, con un lindo chamaco, y estos dos con una cara de cansancio, rutina y aburrimiento.

Sergio Lo interesante es que ellas tienen de: "qué joda, pero es mi elección", mientras que las caras de los maridos son de "¿cómo salgo de aquí?".

Mario Sí, cara de entrampamiento. Aunque esté encantado con su niño. Lo que quiero decir con esto, aunque parezca una declaración de Herodes, es que antes de tener hijos es importante tener un cierto número de vivencias que le permitan desarrollar un estilo amoroso más propio, deseablemente más tranquilizador, más rico, que no esté supliendo nada con su pareja, aunque esto último sea imposible. El otro, la otra, puede ser un pretexto para lo que sea, o uno puede tener la expectativa de que el otro lo provea de muchas cosas. Teóricamente, así con estas vivencias uno estaría más macizo para entrarle a una relación a largo plazo, para formar una familia, lo cual es un asunto muy serio. Yo creo que todo eso difícilmente pasa antes de los 30 años de edad.

SERGIO *Sí pero no*. Es que además no hay certezas. Tengo amigos que son pareja desde que iban en la preparatoria.

MARIO Yo no tengo ningún amigo de la prepa que siga siendo pareja con la persona con que se casó la primera vez, todos, absolutamente todos, están divorciados una, dos, tres veces y las que faltan. Pero yo tengo veinte años más que tú.

SERGIO A lo mejor mis amigos terminan divorciándose. Ojalá que no. Pero no me parece que eso vaya a ocurrir en algún momento pronto, los veo felices dentro de lo que cabe y no hicieron nada de lo que usted está diciendo que es aconsejable. Lo que me está diciendo aplica en mí, definitivamente, pero no en ellos. Como si cada caso fuera particular.

MARIO Claro. No hay pareja. Hay parejas.

SERGIO Antes yo disfrutaba más las cosas que concluían perfectamente a nivel artístico, gozaba mucho las que tenían un principio, un desarrollo y un final redondito. Me gustaba más Dalí que Picasso, por poner un ejemplo.

Ahora disfruto cada vez más lo que parece inconcluso. Las canciones de Bob Dylan no se tratan de algo muy específico casi nunca. Hoy en la mañana se me ocurrió una interpretación de una de ellas que me pareció fabulosa. El Picasso que está a espaldas de usted, es como si algo le faltara para terminarse, como si le faltaran dos o tres trazos. Y eso me gusta.

Esto viene de un cierto nivel de sofisticación. Pero hablando de la pareja, sobre todo el día de hoy, tengo la sensación de que hay algo inconcluso en la vida: estoy viendo la vida como un *work in progress* (obra en desarrollo) de estos seis millones de años que llevamos en el planeta como especie. Estamos en medio de un proyecto divino, o tal vez de un azar extraordinario, pero el punto es que estamos en medio y vamos hacia algún lado y venimos de otro: es como si fuéramos un punto de luz efímero en la pantalla del radar. Y la totalidad de las cosas se manifiesta en una pequeña muestra de lo que son. Es como si la pareja viviera una no conclusión, una no conclusión o no certeza —sí más certeza que hace mil años, o que hace cien— pero nos damos cuenta de que lo que falta por descubrir es mucho más de lo que hemos descubierto.

Si Freud descubrió, en palabras de Sabina Berman, "todo un sótano del cerebro humano", creo que hemos descifrado sólo el primer metro cuadrado del sótano.

MARIO O menos.

SERGIO Pero sabemos que es una cueva profunda, y eso me da la sensación de que mi propia vida es parte de una cosa que no está concluida. No somos la conclusión del ser humano, somos la humanidad ahora. Dentro de cien años ni usted ni yo vamos a estar aquí. La humanidad van a ser otros, la humanidad fueron otros. En el presente, nos toca a nosotros ser la humanidad. Sabemos ciertas cosas, gozamos de ciertos privilegios y nos emparejamos de ciertos modos, pero es como si siempre salieran nuevos problemas: "Aquí están la modernidad y el progreso". "¿Ah, sí? Pues aquí está un *iceberg*".

A pesar de que mi comportamiento y mis emociones comenzaron a definirse hace seis millones de años, ¿no hay manera de definir ese comportamiento a la perfección? ¿No hay fórmulas para tener una vida en pareja satisfactoria?

Para saber más...

Aldous Huxley (1894-1963). Escritor inglés, anarquista, que emigró a los Estados Unidos. Parte de una familia de intelectuales, Huxley es reconocido por sus novelas y ensayos, aunque también publicó cuentos cortos, libros de viaje e historias para películas. Por medio de sus novelas y ensayos, Huxley ejerció como crítico de los papeles sociales y las normas. También le interesaron temas espirituales como la parapsicología y la filosofía mística, acerca de las cuales escribió varios libros. Al final de su vida, Huxley era considerado un líder del pensamiento moderno. Su obra más conocida es *Un mundo feliz*.

Wilhelm Reich (1897-1957). Médico, psiquiatra y psicoanalista austriaco-estadounidense. Miembro de la Sociedad Psicoanalítica de Viena y primeramente discípulo de Freud. Con el tiempo, alcanzó una madurez tal que supuso un cambio notorio en cuanto a sus teorías sobre el psicoanálisis. Algunos lo califican como uno de los pensadores más "lúcidos y revolucionarios" del siglo xx, pero sus libros fueron quemados pues otros aseguran que algunas de sus ideas bien podrían tratarse de delirios.

If God gives you nothin' but lemons, then you
make some lemonade
The early bird catches the fuckin' worm,
Rome wasn't built in a day.
Now life's like a box of chocolates,
You never know what you're going to get
Stupid is as stupid does and all the rest of that shit
Come' on pretty baby, call my bluff
'Cause for you my best was never good enough.

—**BRUCE SPRINGSTEEN**,
My Best Was Never Good Enough.

Quien adopta una ideología
es porque ha dejado de pensar.

—**ARTHUR MILLER**, en entrevista
para *Esquire.*

Fórmulas de amor

MARIO La primera vez que yo me puse a pensar seriamente en estas cosas del amor, no de la pareja, sino del amor en el plano teórico, fue a través de una amiga serbia, Duvrabka Suznjevic, alias *Buba*, una mujer muy interesante, muy agradable, quien me mostró un texto que estaba traduciendo del serbio al castellano por puro gusto, con la ilusión de alguna vez publicarlo en México. Los serbios hacen cosas muy raras. Son profundamente románticos e irremplazables defensores de causas perdidas. El autor es un tipo llamado Zoran Milivojevic, cuyo libro se llama *Fórmulas de amor*. Este título me parecía atractivo y me dio la idea de pociones, de fórmulas de encantamiento. Y no, resulta que eran fórmulas en el sentido matemático, algoritmos de amor, entendiendo el algoritmo, si bien me acuerdo, como un concepto matemático que implica una instrucción. Esto me intrigó más todavía. ¿Fórmulas? ¿Acaso el amor se puede poner en esos términos tan lineales?

Resulta que Milivojevic tiene mucho que ver con programas educativos en Serbia, así que escribió *Fórmulas de amor* como resultado de sus estudios para la juventud, porque ha descubierto que las personas tenemos maneras muy particulares de hacernos infelices o de ser más o menos felices. Dice que hay maneras muy específicas de ser infeliz y maneras muy específicas de no serlo tanto, dependiendo de la fórmula de amor que uno aplique. Pone dos ejemplos: si uno cree que solamente se ama una vez en la vida, pues es una buena manera de tener una vida amorosa desafortunada. Otro ejemplo: el amor verdadero todo lo perdona, es otra fórmula muy exacta para hacer la vida muy miserable, o: en el amor el que persevera alcanza, o: en el amor hay que decirlo todo, etcétera.

Las *fórmulas* son *clichés* culturales que tienen implicaciones muy serias. Este hombre toma veintitantos de esos *clichés* y los analiza a profundidad: cómo, por qué, las consecuencias, la historia, y al mismo tiempo describe una serie de mecanismos psicológicos muy interesantes como la identidad, la autoestima y qué correlación tiene eso con estas fórmulas.

Lo que plantea Milivojevic es que uno tiene un mapa en la cabeza que le dice, a través de ciertas señales, cuándo ama y cuándo es amado.

Pero los integrantes de una pareja traen mapas que no necesariamente coinciden, o que coinciden parcialmente. Esto es hasta chusco: yo he tenido en consulta señoras muy deprimidas y tristes, o muy enojadas porque sus maridos nunca *les dicen* que las quieren. El marido, típicamente, les contestan: "¿y los viajes?, ¿y la casa?, ¿y los autos?, ¿y las vacaciones?" "Oye, pues sí, pero no me dices que me quieres". "Bueno mamacita, pero te lo digo de otra manera".

Esto, burdamente, implicaría que para la señora las palabras son muy importantes, en su mapa, mientras que para el señor lo fundamental son las acciones. ¿Por qué para el señor son más importantes las acciones? ¿Y por qué para la señora son más importantes las palabras? Pues es que cada uno tiene su historia.

Y así se va el maestro Zoran Milivojevic, por una serie de lugares comunes. Lo interesante es el análisis, las consecuencias y también cómo se cae en eso.

Dentro de mi mapa amoroso yo pensé, durante muchos años, que se deben decir las netas en una relación de pareja que se ame "verdaderamente". Hoy pienso que no necesariamente. Antes, para mí, si alguien me mentía o me ocultaba algo, eso no era amor, sino todo lo contrario.

Hoy puedo pensar que la gente me puede amar intensamente, profundamente, sin decir y compartir todo. De hecho, es probable que yo necesite un área absolutamente personal, no comunicable, igual que la otra persona. Eso para mí es una revolución, yo no pensaba así hace 10 o 15 años exigía una total sinceridad y no ignoro que yo fui brutalmente franco muchas veces, poco delicado, siempre me interesó más el contenido que la forma.

Hoy pienso que la forma es tan o más importante que el contenido en el plano amoroso.

Sergio Respecto a lo que hace Milivojevic, hay que decir que los lugares comunes lo son por algo. Es decir, tienen un grado de verdad, de otra manera no estarían ahí.

Son fórmulas que pueden funcionar en algún momento determinado, pero no a mediano ni a largo plazo. Uno no puede regir su vida a través de ellas. Lo cual se une perfectamente con lo que yo le decía hace rato, respecto al espíritu cambiante de la pareja. ¿Puede parecerse a una flor a la que hay que regar? En determinado momento sí, pero no de manera permanente. "En el amor se dice todo", tal vez en algún momento.

Mario "El mejor sexo es con aquel de quien estás enamorado", no es tan real. A veces estorba.

Sergio A veces sí, a veces no. Pero hay que derribar estas ideas. Si uno lo que busca es seguridad y tranquilidad, los lugares comunes, las frases o las fórmulas generan muchas certezas y se vuelven nuestros guardianes.

MARIO Asideros.

SERGIO Los norteamericanos tienen una enorme necesidad de ponerle nombre a todo. Cada estado de ánimo tiene un nombre: Esto me parece extraordinario y a veces me estorba. Una vez estaba tratando de explicar lo que sentía luego de un tiempo de haber terminado con una novia, y alguien me dijo que eso se llamaba *rebound*.

Pero un nombre puede limitar lo que realmente está ocurriendo. Y como decía Don Juan Matus, un guardián se convierte rápidamente en un guardia, y el lugar seguro se vuelve una prisión. *Fórmulas de amor* puede ser un libro liberado.

MARIO A mí me produjo una gran liberación, una certeza, descifrar los algoritmos, los mecanismos, el cómo y por qué se llega a eso.

Retomando lo que te decía a manera de ejemplo de este señor para el cual las acciones son más importantes que las palabras, Milivojevic afirma que una persona que ha sido engañada o utilizada —típicamente estas mamás o papás que le dicen a su hijo, te amo, te adoro, eres lo más importante para mí, pero no le hacen caso, lo abandonan, o no le cumplen las promesas, o en los momentos importantes no están—, necesariamente resultan ser hombres o mujeres que desconfían de las palabras.

SERGIO Claro. De lengua me como un taco.

MARIO Es más, cuando alguien les dice: "te amo, te adoro", empiezan inmediatamente a sospechar.

Esto explicaría por qué el señor del ejemplo jamás va a decir eso y al que quizá le agrade oírlo la primera vez, pero cuando lo escucha muy seguido, se incomoda. Reacciona al revés, "seguro que todo este acaramelamiento es para mandarme al carajo" o "a ver a qué hora viene el chingadazo". Las acciones, para este sujeto, se convierten en lo único que es seguro, incontrovertible y real, entonces exige de su pareja hechos: "plánchame la camisa, atiende la casa y de esa manera yo sé que me quieres".

En el momento pasional, haciendo el amor, oír "es que te adoro" puede enfriar a un sujeto con estas características. Basta con lo corporal, la sensualidad y la sexualidad. Las palabras salen sobrando.

En cambio, para la señora del ejemplo, que da gran importancia a las palabras, quizá tuvo un papá o una mamá muy consecuentes, muy cuidadores, apoyadores, muy amorosos y, además, lo decían. Si su marido no se lo dice, siente que algo falta.

Esto yo lo veo todo el tiempo en la consulta y tener la información del libro me permitía cuestionar las fórmulas de las parejas y, en muchas ocasiones, ser muy certero. Hasta que entré en contacto con otro grupo de pensadores: no solamente son fórmulas desde un punto de vista racional o cognitivo, o consciente, actúan también una serie de aspectos de significado emocional que se originan en el vínculo primario, y que es explicado por lo que se conoce como teoría del apego. El cómo uno se relacionó con sus cuidadores, usualmente la madre, donde lo importante no es lo verbal, sino lo no verbal. Entonces cuando estamos hablando de fórmulas éstas tienen una implicación racional en el lenguaje que funciona como un "traductor" o "comentador", usualmente bastante limitado, de las emociones y los sentimientos, de los estados de ánimo que se tienen en la vida amorosa.

Esto del apego tiene que ver, de manera fundamental, con el vínculo que se gestó cuando no había un lenguaje desarrollado, cuando uno tiene un día de nacido, tres meses de edad, uno, dos, tres años de edad, y ahí la calidad y el tipo de apego que uno establece se va a reproducir en la pareja amorosa más tarde.

Más adelante uno se va a sentir, va a tener cierto tipo de emociones con su pareja que, literalmente, tienen que ver con cómo se sintió antes de que tuviera una memoria en términos de lenguaje. Se tiene una memoria afectiva, sensorial, y otra verbal. Todo esto complementa las cosas, pero las hace muy complejas.

El estudio o el interés personal en todos estos temas son de aproximadamente 10, 15 años para acá. Lo curioso es pensar cómo diablos me atrevía antes a dar consulta sin tener todos esos elementos en la cabeza.

SERGIO Los de Milivojevic y los de la teoría del apego.

MARIO John Bowlby, Patricia Crittenden, Mary Main, Vittorio Guidano. Todos esos autores aportan elementos, complementan la aproximación terapéutica a la pareja con dificultades y, por otro lado, me permiten desarrollar síntesis personales, aunque a la hora de los hechos las cosas nunca, pero nunca, son tan sencillas.

Para no ir muy lejos: el fin de semana pasado mi señora esposa tuvo una intensa cefalea (dolor de cabeza), que aparentemente se debía a una sinusitis crónica que ha padecido durante mucho tiempo, a veces estacional, en la primavera o el otoño; pensábamos que era eso, pero no cedió a los medicamentos habituales y fuimos a dar al hospital. Allí se dio una situación muy ridícula: llegamos, dejo a mi mujer en urgencias, voy a estacionar el carro, regreso y ya está en un cubículo. Segundos después entra una persona a inyectarle algo, ella dice que no, yo no sé de qué se trata, entra otro médico y ella se pone de mal humor. Resultado: ella parece haberse sentido muy poco entendida y apoyada por mí, sintió mucho desapego y mucha frialdad de mi parte y está triste por todo eso. Y yo estaba bastante incómodo porque ella no se dejaba atender adecuadamente. Fue un desencuentro brutal, en ese momento me pude haber divorciado y ella de seguro también. Por supuesto, no pasó, pero así es la pareja. Y no se trata de malos sentimientos, sino simplemente de: "¡Qué señora tan difícil!", y de su parte: "¡Qué pinche señor tan desaprensivo! ¿Cómo es posible que lo quiera?".

The man if he marries will batter his child
And have endless excuses
The woman sadly will do much the same
Thinking that it's right and it's proper
Better than their mommy or their daddy did
Better than the childhood they suffered
The truth is they're happier when they are in pain
In fact, that's why they got married.

—LOU REED, *Endless Cycle*.

Las dificultades y los nudos de la pareja

SERGIO Hay dificultades en una pareja, ¿todos los días? ¿Una vez a la semana? ¿Cuál es el promedio?

MARIO Las parejas tienen dificultades todo el tiempo, en mayor y menor medida. El punto es cómo las solucionan.

SERGIO De pronto se va haciendo un nudo que luego se desenreda y son momentos de felicidad y alivio, pero es el principio de un siguiente nudo. No tiene fin.

MARIO Las parejas vienen a dar acá cuando el nudo en el que están ha durado mucho tiempo y por más que tratan de solucionarlo se enredan más, es ahí en donde entro.

Veía el jueves una película que me interesaba ver, se llama *Coco antes de Chanel*, con Audrey Tautou. Hay una parte en donde Coco joven se enamora de un inglés y le pregunta a una mujer muy experimentada, que tiene muchos amantes: "Oye, ¿cómo es enamorarse?", y la amiga le contesta: "Sufrir, sufrir, sufrir".

Y sí, el asunto es agridulce. Sobre todo cuando la pareja ya empieza a agarrar vuelo, después de la fase de enamoramiento viene la fase de: "a ver... vamos negociando quién manda aquí y en qué", y de "cómo va a estar aquí la pesca". Dicha fase en la pareja yo la llamo "de consolidación", y en ella empieza uno a oscilar entre momentos muy gratos y nudos, y se va consolidando en la medida que va solucionando estos nudos. Empiezan a tener una identidad como pareja, una historia compartida.

Y esta identidad viene gracias a la desavenencia, gracias al desacuerdo. Las parejas se consolidan solucionando los acuerdos, o acordando que hay un desacuerdo y que no pasa nada.

SERGIO ¿Un divorcio ocurre cuando la pareja llega a un nudo gordiano?

MARIO Además de llegar a un nudo gordiano, en el divorcio pasa algo muy interesante: la génesis del divorcio tiene que ver con que el otro ya no es admirable, ya no despierta respeto y empieza a resultar *irreversiblemente* (esta es la palabra clave) decepcionante. A veces la pareja no supera algunas fases en las cuales ha de decepcionarse.

SERGIO Todas las parejas se decepcionan, pero no necesariamente se divorcian.

MARIO Hay gente que aguanta poco o supone, otro de esos lugares comunes, que las cosas van a ser maravillosas todo el tiempo.

SERGIO Claro: "en el amor no hay decepción".

MARIO Hay fases, hay movimientos de decepción, pero siempre va a pesar un poco más lo lindo. Pero cuando lo lindo no pesa más que lo decepcionante, cuando el nudo es verdaderamente gordiano y hay que cortarlo, tiene que ver con este sentimiento de decepción profunda, mutua. Incluso con uno mismo, lo cual es todavía más rudo a veces: "Pero cómo he tolerado, cómo he estado ciego, no tanto de esta pendeja bruja maldita, sino de mí. Soy un imbécil, poco digno". Ahí las cosas tienden a acabar.

SERGIO Volviendo a lo que dice el maestro Héctor Mendoza, respecto a que toda relación es una relación de poder: ¿estoy jugando a las vencidas con mi pareja todo el tiempo?

MARIO Sí y no. Sí en la medida en que en cualquier relación se tendrá que negociar, tendrá que responder a la pregunta "¿de qué manera nos vamos a relacionar tú y yo?". Típicamente esto ocurre en la relación maestro-alumno, médico-paciente. "Tú necesitas ayuda, yo te la brindo", es una relación asimétrica: yo soy el experto y tú eres el que la está pasando mal, entonces tú vas a hacer lo que yo te sugiera, tú me vas a dar la mayor parte de información que yo requiero para ayudarte. Esta relación está perfectamente definida, ¿cómo podía no estarlo si se trata de solucionar un problema? Pero ¿qué pasa cuando el alumno empieza a pedir más, a exigir más, al grado que da muestras de necesidades que el maestro ya no puede cubrir? O el paciente ya se siente mejor y tiene la necesidad de relacionarse de otra manera con su médico. Ahí la relación tiene que redefinirse para persistir o para desaparecer.

En el caso de la relación de pareja, hay una lucha de poder siempre que plantea algo como: "a mí lo que me interesa, pareja mía, es que tú cubras una serie de necesidades emocionales y sexuales, y voy a hacer una serie de cosas para que lo hagas"; y ella va a hacer algo similar; el punto, lo importante, está en la serie de estrategias, tácticas que yo haga para que ella me dé lo que yo necesito y a la inversa. Hay formas encantadoras, lindas, positivas, estimulantes, y hay formas que son terribles: violencia, chantaje, pasividad, agresividad, que no son lindas, pero a veces funcionan, o funcionan todo el tiempo.

Estamos entonces negociando quién controla al otro en términos de "dame". En las parejas en general —no es una regla, pero es muy frecuente, más del 50% de las veces— uno de los dos es más activo en el aspecto amoroso, da más o es más generoso o generosa. Y el otro es más mezquino o menos entregado, menos comprometido. Pero, a veces, los papeles se invierten. De hecho tiene

que ser así, tiene que haber balance, de otra manera aquello se torna difícil y doloroso, como ocurre
muchas, muchísimas veces.

SERGIO ¿Cuando uno de los dos da mucho y el otro sólo
recibe?

MARIO Lo único que eso produce es cansancio. De ambos
lados. Entonces este balance, esta manipulación, en
el mejor de los sentidos, tiene la finalidad de garantizar la nutrición emocional de cada uno de los
miembros. Para complicar las cosas, a veces lo que
uno desea del otro es que lo trate mal, esa es su necesidad, no que lo traten bien, por ciertas razones;
o el otro lo que requiere es una pareja más o menos
indiferente, o más o más menos distante. Esto da
lugar a combinaciones muy diversas, que resultan
"enloquecedoras" para los mismos participantes
de la pareja o para los observadores.

SERGIO Por lo tanto, el juego de poder no es necesariamente malo.

MARIO De hecho, puede ser muy estimulante. Imagínate
a dos parejas bien intencionadas, que se quieren
mucho, con cierto grado de sofisticación en cada
una de ellas. Una echa a andar estrategias muy
agradables para recibir lo que quiere del otro.

El otro tipo de pareja me recuerda a un amigo
y su esposa. Él se comporta de manera sistemática
como un rescatador heroico, para lo cual necesita
una dama en problemas, mientras más problemas,
mejor; lo que él persigue es el reconocimiento de
ser un héroe, a fin de cuentas. Llega un momento
en que su dama en problemas se cansa de recono-
cerle su heroísmo: cada favor de él le cuesta un año
de tener que decir "lo que tú digas, mi rey", y si no
lo hace, mi cuate se siente poco reconocido y trata de ganársela de otra manera y es más heroico…
aquello es un horror donde los dos están tremen-

damente cansados y enormemente decepcionados. El amigo necesita ser heroico, necesita que su mujer esté deprimida para rescatarla, y su mujer necesita ser rescatada pero no exigida, así que eso se torna desagradable para ambos.

SERGIO ¿Estos dos siguen juntos?

MARIO Sí, claro. Y van a seguir, porque de una u otra manera se dan lo que necesitan en todos los sentidos.

SERGIO Pero, y si siguen, ¿está mal?

MARIO Hay que preguntárselo a sus hijos y a ellos mismos.

SERGIO Ya dijimos que un matrimonio, no es necesariamente pareja, pero ¿una pareja que sigue como tal, aunque sea a la mala, no necesariamente es mejor que una pareja disuelta?

MARIO No. Mencioné a los hijos porque estas personas de las que estoy hablando tienen hijos muy pequeños, de cuatro años. Cuando eran más bebitos no era tan evidente, como lo es ahora, que sus padres compiten: ella no se siente reconocida por él como la princesa que cree ser ni él como el heroico rescatador que piensa que es.

Y se dicen algo como: "si no me das eso que te pido, reconocimiento, ¿quién me lo va a dar? Pues mis hijos". Es una competencia por ver quién es más infeliz. Con el tiempo, lo que va a seguir es: "hijo mío, date cuenta de cómo tu madre me hace infeliz. Tú, por lo tanto, debes reconocer eso y proveerme de la felicidad que me falta". Y entonces, estos dos muchachitos de cuatro años empiezan ya a consolar a su papi de lo mal que se porta su mami, y a ella, de lo mal que se porta su papi, y luego van a empezar los juegos de lealtades. Y aquello creo que va a ser una familia con un clima emocional muy desagradable en el que todos se van a sentir frustrados y no reconocidos.

Sergio ¿Y cuando esos pobres niños crezcan y tengan pareja?

Mario Pues a repetir la tonada, probablemente. Como ocurrió a su vez con mi amigo en su propia familia, y así *ad nauseam* hasta seis millones de años atrás.

Sergio ¿Y hay manera de salir de esto?

Mario Sí la hay, no es fatal, pero a veces es muy impresionante cómo, dentro del dolor y el malestar, la pareja que está muy equilibrada, está perfectamente infeliz, los dos se refuerzan mutuamente y lo hacen por nota. Se podría decir que una pareja bien integrada y armónica baila un vals perfecto, un movimiento de él y un movimiento acoplado de ella, y luego ella propone otro paso o movimiento y él entra fácilmente en ese movimiento, y van perfectamente sincronizados y acoplados. Ahora imagínatelo en negativo, a cada planteamiento de él corresponde una reacción negativa de ella, terrible pero igual de armónica, nomás que de signo contrario. No es un vals, es una lucha grecorromana o libre, máscara contra cabellera todo el tiempo. Tú te haces para acá y yo me opongo a todo, estamos trabados en un esfuerzo brutal, muy sincrónico. Y es cuando yo digo: ¡pinche maravilla dentro de la locura, o qué maravilla dentro de la armonía!

Sergio ¿Pierde uno su individualidad si se empareja?

Mario Sí.

Sergio ¿Se vuelve uno parte de ese todo?

Mario Sí, se vuelve uno parte de ese todo, y en esa adaptación al otro, en este amoroso anteponer los intereses del otro a los propios, hay una despersonalización, hasta cierto punto. Cualquier pareja se siente así, en el mejor de los sentidos. Me imagino que tú cuentas mejores chistes que tu pareja y vamos a suponer que en algún tiempo que iban a fiestas, ella permanecía callada, pues tú eres el de los chistes simpáticos, o tú eres el ameno, el simpático, y ella es una científica más o menos aburrida. Después de 10 años puede ser que ella esté harta de aquella simpatía tuya que tanto la sedujo en su momento. La mejor relación tiene estos puntos donde ella se va a sentir despersonalizada en la medida en que tú tienes toda la cancha, ella tiene que adaptarse y plegarse, no va hablar de sus cosas a riesgo de entrar en una situación de choque, a menos que se pusieran de acuerdo, que tú estés dispuesto a soltar el micrófono. O, por ejemplo, si ella es la inteligente para las finanzas y tú eres medio güey, toda esta cosa de complementariedad, que se puede asumir de manera elegante y agradable, también puede convertirse en un campo de guerra abierta o subterránea.

SERGIO Es una cosa muy complicada.

MARIO Yo digo que la vida en pareja es de lo más complejo que hay.

SERGIO Puedo pensar que sí.

MARIO Sobre todo en las parejas que valen la pena. Si se trata de una relación rica, que incluye cierto grado de sufrimiento y en la que cambias los temas y las soluciones intentadas. Las relaciones dolorosas y sufridoras son pobres; lo son porque siempre es la misma pinche historia, el mismo eterno conflicto, muy encajonadas en los mismos roles.

SERGIO Son infernales en cuanto a lo bobo, lo soso que es vivir así, y como esas hay millones; en cuanto a las otras parejas, en los que también hay conflicto, también hay movimiento, que son más vitales y hay más sentido, más dirección, que en el mero sufrimiento.

MARIO Cuando uno está metido en una mala relación, aprende uno mucho si está dispuesto a hacerlo. Yo tuve la suerte de estar en una que duró algo así como cinco años. Es muy doloroso ese desencuentro: el desamor, la distancia, la imposibilidad de establecer puentes o de reconstruir una figura menos decepcionante de la otra persona, el no poder revertir el sentirse defraudado una y otra vez, no lograr funcionar y sentirse más profunda y dolorosamente triste, con un resentimiento y amargura brutales. Es una cosa espantosa, y no estoy hablando de una pareja violenta que se hiciera cosas horribles, estoy hablando de un desencuentro, de una lejanía y frialdad, de un malestar sin excesos dramáticos, simplemente el desamor, que es verdaderamente horrible y que se mantenía por vanidad: "¿Cómo voy a aceptar que esta pareja es un fracaso yo que soy un experto, vivo de ello y no vivo mal, en ayudar a parejas *emproblemadas*?". No me daba cuenta que aceptar el fracaso, la imposibilidad para vivir juntos satisfactoriamente, es la mayor sabiduría. Karl Popper, uno de los epistemólogos más importantes del siglo pasado, decía que el máximo grado de conocimiento es el error: saber que así no es, que así no se llega a ningún lado.

Y luego, cuando tienes una relación bonita y de repente te ves en una situación de desencuentro, se te paran los pelos de punta, "no se vaya a convertir en algo tan espantoso como lo que ya he vivido".

SERGIO Por mero reflejo. Qué cosa más extraña. Lo que pasa es que si todas las grandes historias de todos los tiempos empiezan así: él y ella, por algo será. Es decir, la Biblia empieza así: él y ella, expulsados del paraíso.

MARIO Pero parece que no les fue tan mal a Adán y Eva. Se querían, por lo menos no se habla de divorcio.

SERGIO Bueno, tampoco es que tuvieran más opciones.

MARIO Eso es cierto.

SERGIO Pero ahí están la expulsión del paraíso, la sensación de desnudez, el dolor de tener hijos al que los condena el implacable Jehová. "Parirás con dolor", le dice a Eva, castigándola por una búsqueda de conocimiento.

Hablábamos, en la primera conversación que tuvimos, de la diferencia que implica la pareja humana; es decir, la pareja es un fenómeno humano. Los animales, un macho y una hembra copulan, forman una manada, pero no constituyen una pareja porque les faltan factores humanos que definen a la pareja, entre ellos, el erotismo.

MARIO Y el lenguaje.

SERGIO El lenguaje, el erotismo y ciertas cosas que lo definen como humano. Este asunto del árbol de la ciencia del bien y del mal, ¿no es que en ese momento se volvieron humanos y dejaron de ser animales esos dos?

MARIO Digamos que el Edén es una metáfora de la infancia. Adán y Eva llegan al momento de la adolescencia y con ella se da una diferenciación sexual más acentuada, la capacidad de procrear con la aparición de la menstruación en la púber, los espermatozoides en el ya no niño, y los cambios cognitivos, los cambios que se dan al incrementarse el nivel de abstracción. El ahora adolescente va camino a ser un adulto y se empieza a relacionar de tú a tú con el padre, de hecho lo reta y tiene que traicionar o desobedecer a su padre y ser traicionado por él. Si bien es cierto que Adán y Eva desobedecen a Dios, él los traiciona a su vez. No sé si Dios, que se supone es todo amor, sabía que no le iban a hacer caso y los expulsa del paraíso; esa es la expulsión de la infancia-paraíso en tanto los niños no se diferencian mucho de los animalitos del bosque y toda esa parafernalia: todas sus necesidades estaban satisfechas, no había más que agarrar el pan, no ganárselo, tomarlo de los árboles, no había sufrimiento ya que no había deseo. En el paraíso todo está satisfecho no hay necesidades. Sí hay necesidades pero no hay deseos, todas las necesidades están satisfechas.

SERGIO Como en Suiza.

MARIO Sí. La diferenciación mental y física que implica la adolescencia rompe este estado. Esta diferenciación se establece para ser padres a su vez y de esta forma iniciar y mantener el ciclo de la vida. Los adolescentes en camino de ser padres obtienen, conquistan el conocimiento de quiénes son. "Y sintieron vergüenza", se taparon sus genitales muy conscientes de sí mismos. "Y parirás con dolor y ganarás el pan con el sudor de tu frente", ese asunto de la adultez y de la paternidad, del conocimiento como diferencia del bien y del mal, es una gran metáfora de la evolución.

PARA SABER MÁS...

Karl Popper (1902-1994). Filósofo y sociólogo austriaco. Estudió filosofía en la Universidad de Viena y, más tarde, ejerció como docente en la de Canterbury y en la London School of Economics de Londres. La base fundamental de su filosofía es el racionalismo crítico que se opone al positivismo lógico.

Durante el rodaje de *Persona*, nos alcanzó
la pasión a Liv [Ullman] y a mí. Una grandiosa
equivocación me llevó a construir la casa
pensando en una vida en común en la isla.
Olvidé preguntarle a Liv su opinión.

—INGMAR BERGMAN, *Linterna mágica.*

Y fueron felices para siempre

SERGIO ¿Por qué hacemos pareja los seres humanos? ¿Para qué?

MARIO Para ser felices. Esa es la expectativa habitual.

SERGIO Uno se enamora, que es como usualmente se forman las parejas, y piensa: "viviré con esta persona por el resto de mis días y seré feliz para siempre". Hay demasiada presión en esa idea.

Planteo lo siguiente: lo opuesto a una esposa es una prostituta.

MARIO Ah, caray. No lo había pensado.

SERGIO Es exactamente lo opuesto, no hay compromiso, no hay verdadera intimidad, no hay consecuencias (si uno tiene el cuidado suficiente), no hay ataduras, no hay muchas cosas negativas ni positivas que puede tener una esposa.

¿Por qué van los hombres con prostitutas? Tienen muchas ventajas: no hay cortejo, la posibilidad de sexo es del 100%, los encuentros tienen una duración finita y muy específica, cobran por hora, y no se involucra nada demasiado íntimo. En una pareja se pone la vida entera y, cuando se deshace, duele como la chingada. En cambio, a las prostitutas se les pone el cuerpo encima y se acabó, a'i nos vemos. Llegan a cierta hora, se van a cierta hora, todo está muy acotado y, sobre todo, no hay expectativas, ni una necesidad de quedar bien, ni nada de nada.

Si se contrata a una prostituta y no hay erección, no pasa nada. Uno pagó y cuando mucho se pierde dinero y ella hasta más contenta se pone, ganó dinero gratis. Si es el negocio más antiguo del mundo, por algo será. Y esto no es cinismo, sino mera observación.

¿Qué es una esposa sino todo lo contrario? En el buen y en el mal sentido del término. Y creo que si se pudiera ver a una mujer menos como una esposa y más como una prostituta, las cosas serían mejores. Suena insultante y provocador, pero no es mi intención.

Creo que los norteamericanos, cuando los he visto emparejarse, tienen sus *dates*, y se sobreentiende que a la segunda o tercera cita se van a ir a la cama, y después siguen saliendo, como si se *audicionaran* uno al otro durante un buen rato, sin ninguna especie de peso o carga emocional.

Acabo de conocer a una chica, se fue de vacaciones 15 días, no nos hemos visto una segunda vez y en su recado de despedida ya me puso que me porte bien. Por un lado, me hace sentir que le intereso, pero por el otro me siento un tanto invadido.

He visto que los gringos se *audicionan* un poco más. En México, hablo de mi experiencia, hay una necesidad de éxito que yo me he logrado quitar en muchos aspectos de mi vida. Soy competitivo, busco hacer el mejor teatro y el mejor radio que puedo hacer, pero no veo las estadísticas ni los *ratings* salvo cuando es estrictamente necesario, y no me importa nada si a otros dramaturgos los reconocen más. Pero a nivel pareja no me he podido liberar del enorme peso de querer *hacerla*. Y peor aún: sí me puede, aunque es de una superficialidad espantosa, el qué pensarán los demás de la pareja que tengo.

No sé, es una joda tener pareja. Esta exigencia de perdurar y de triunfar hace que su esencia se pierda muy rápido.

En algún punto esta pérdida empieza a existir. Al principio, los integrantes de la pareja son muy felices y están muy compenetrados, pero en cuanto el mundo exterior entra parece que se contamina. Es muy complicado, se vuelve una joda, se vuelve un "lo que se supone que hay que hacer" contra lo que uno quisiera hacer realmente. Uno mismo se sorprende haciendo determinadas cosas porque se supone que esto es lo que hay que hacer en una vida en pareja y, de pronto, si uno platica se da cuenta que ninguno de los dos quería hacer tales cosas.

MARIO Tienes dos ideas muy interesantes. Primero, viendo a la prostituta como opuesta a la esposa. ¿Qué sería lo opuesto al marido? No hay tantos prostitutos, históricamente supongo que los ha habido, pero no tantos.

Hombres y mujeres sabemos que los genitales femeninos pueden tener precio y que prácticamente cualquier mujer puede vivir de eso. Pero el pene no creo que sea conceptualizado en los mismos términos. Vivir de la prostitución masculina significa tener talentos particulares: mantener una erección durante el tiempo que sea necesario. Además, la posibilidad de repetir y mantener coitos es muy limitada en el caso del varón. En el caso de la mujer, esa posibilidad es casi infinita.

SERGIO Ya hay viagra, pero durante milenios no hubo.

MARIO Me quedé pensando cuál sería el equivalente en el caso de las mujeres, ¿el opuesto del marido quién es?

SERGIO El amigo gay. Y no lo digo con afán de insultar.

MARIO Suena muy fuerte y provocativo. Lo que se da con una prostituta, desde la óptica tradicional, es una no relación, precisamente por eso es tan atractiva, pero "¡qué horror aquél que va con prostitutas, seguro es un enfermo mental!" Por supuesto que no es así, o no necesariamente. Es válido no desear una relación y sólo querer liberar tensiones y tener un momento de placer.

La pareja convencional, tradicional, ya constituida, ya viviendo junta, entra en una serie de presiones internas y externas que eventualmente la van a reventar o van a hacer su vida compleja, difícil y, eventualmente, fracasada. Globalmente, la exigencia es: si no eres feliz en tu vida en pareja algo está mal contigo o con ustedes o con alguno de los dos. Suele pensarse que si una chica ha tenido dos matrimonios, algo está mal con ella.

Sergio Hace poco alguien me dijo que evitaba a las mujeres divorciadas. Y me dio un argumento que me heló la sangre: "nadie regala un caballo por bueno".

Mario A mí me dijeron algo parecido, pero haciendo referencia a un hombre divorciado: "nadie compra un coche chocado, así sea un Ferrari". Es lo mismo. Fracasar en pareja no sólo es doloroso en sí mismo, también es mal visto por los demás.

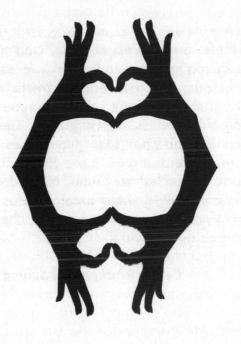

¿Alguna vez han cometido el error de salir en cita doble con la pareja perfecta? Uno con su pinche relación jodida, y en la misma mesa hay dos personas que realmente están enamoradas. Ni siquiera se cena a gusto, porque no puedes creer lo que estás atestiguando. Tienes el tenedor en la mano y piensas: "¡No mames, él está de veras interesado en lo que ella dice! ¡Wow! A estos dos les gusta estar juntos. No podemos volver a salir con ellos, ¡van a hacer que nos divorciemos! ¡No puedo permitir que esta pinche gente feliz me chingue la vida!

—Chris Rock, *Never Scared.*

El ideal de pareja

MARIO Otra idea que valdría la pena plantear es que los enamorados son envidiables, no necesitan nada, sólo se necesitan uno al otro, tiene una geografía personal, una historia personal, un mundo aparte, no necesitan de nada ni de nadie, no necesitan hijos.

Pareciera que esta sociedad de envidiosos nos dedicamos a hacerlos pedazos. Esa es la idea, la tesis. Estos enamorados una vez que se constituyen como pareja y empiezan a tener dificultades por la razón que sea, a su vez empiezan a envidiar a aquellos enamorados que están en una primera fase y así empiezan las comparaciones. Pues como somos entes absolutamente sociales, la construcción de la identidad, de la concordancia o falta de concordancia entre, por una parte, lo que uno cree de sí mismo y lo que uno quisiera que los demás creyeran y, por otra, lo que los demás efectivamente piensan de uno. Todo ello es central para el sentido de uno mismo, lo cual hace que uno aspire y quiera ser idóneo, ser el ideal, o acercarse al ideal del grupo, o lo que el grupo considera como idóneo: una persona estupenda a quien vale la pena amar o que vale la pena ser amado por ella.

Hay patrones sociales y, si uno no se acerca a esos patrones, la sensación es de fracaso, de inutilidad, de ser absolutamente inane, esto es, vil y despreciable. Parte del terrible dolor del fracaso amoroso es intrínseco a la pérdida del otro, pero también y, sobre todo, es el encarnar a un pendejo que no la hace, o encarnar a una estúpida que es abandonada o rechazada, cuando es el caso. Esto es devastador, a veces es más doloroso perder la imagen ante los demás, que la pérdida como tal que, a su vez, sería una pérdida de imagen ante uno mismo.

Yo solía decirle a mi mujer, en tono de broma: "yo te he vuelto una mujer respetable, yo me casé contigo, hasta antes de eso eras la amante de un señor que venía a verte a Monterrey". Bromeábamos diciendo que nuestra boda había sido una derrota frente al orden social. Que nos casamos porque la presión externa estaba de la chingada.

Dos o tres años después, sus hijas adolescentes, le decían que ella era la ídolo del grupo de amiguitas porque tenía un amante que la venía a ver viajando mil kilómetros. La admiraban. Pero para las mamás de esas mismas niñas, sus contemporáneas, mi esposa no era precisamente un ideal, mi mujer era una cabrona, potencialmente capaz de ligarse a sus propios maridos. La idea en la cabeza de estas mujeres era y, de seguro, continua siendo: "las mujeres emancipadas me pueden bajar al viejo…".

Los enamorados también son peligrosos porque son felices. Mi colega Rafael Manrique dice que la gente contenta y satisfecha es peligrosa porque no obedece.

SERGIO Hay mitos y leyendas en las que los dioses les tienen envidia a los enamorados.

MARIO Claro que son envidiables.

SERGIO Los envidian y además los joden. Como en el famoso poema *Annabel Lee*, de Edgar Allan Poe, luego hecho canción por Radio Futura: "los ángeles del cielo les tuvieron envidia…"

MARIO Yo soy terapeuta de pareja, pero me autodenomino terapeuta de *parejas*, en plural. Cuando dices terapeuta de pareja estás implicando que hay una pareja ideal, a la que habrá que acercarse.

Pero si uno tiene metido en la cabeza, como ha ocurrido en las ciencias de la salud mental, un modelo de *lo que debe ser*, pues la cosa se complica, eso ha hecho mucho daño.

Albert Camus decía que lo que más miedo le provocaba era la idea del amor abstracto, que ha matado más gente que todas las guerras juntas. Él prefería el amor concreto, no ese ideal inalcanzable de lo que debe ser. Mucha gente se mata, literalmente, porque no llega ese ideal.

SERGIO Pero por lo visto hay un ideal de pareja en la sociedad y un ideal de familia que no existe. ¿Está puesto ahí para frustrarnos a todos? Ayn Rand dice que en las religiones hay un ser ideal, a quien es imposible llegar, pero uno está obligado a tratar de llegar, lo cual simplemente generará frustración.

Y en el comunismo, así como en el nazismo, hay una idea de renunciar a la individualidad y sacrificar todo por el "bien común", lo cual va en contra de la naturaleza humana, lo cual también genera lo mismo.

MARIO Frustración.

SERGIO Entonces, si hay un ideal de pareja, ¿quién lo inventó y por qué existe? ¿Dónde está esa pareja?

MARIO Don Pepe Ortega y Gasset, quien me cae muy bien y creo que es muy acertado, dice que el amor no es otra cosa que un género literario. Al respecto hay toda una teoría y varios libros, uno en particular, *El Amor en Occidente* de Denis de Rougemont, que plantea que la invención del amor romántico se dio en el siglo XIII por medio de un género literario, la *nouvelle roman*, para ser exactos con *Tristán e Isolda*, que propone un nuevo estilo de amar.

Sin embargo, hay versos de Egipto que datan hace tres mil años, que son versos de amor y que contradicen el planteamiento de Rougemont. Esos versos, muy anteriores a *Tristán e Isolda*, hablan del sentimiento hacia la amada, el anhelo y el extrañamiento como los conocemos ahora. No es una invención, sino un sentimiento concreto que se da como se da. Pero la sistematización o las condiciones en las que es más probable que surja este amor romántico, sí surgen a partir del siglo XIII, más o menos.

Una de las características de ese amor es que nunca se da con la esposa propia, sino con la de alguien más. No es un amor legitimado frente a la iglesia o el estado, que además va a fracasar o quienes lo viven van a morir en el intento de hacerlo continuo, como les ocurre a Tristán e Isolda, o a Romeo y Julieta, que no son esposos de nadie más pero que encarnan otra condición indispensable de este amor pasional: siempre termina, por definición, con la muerte de uno de los amantes, o de ambos.

El caso es que siempre tiene que haber algo en contra de ese amor. El caballero andante ama platónicamente, su pasión nunca se consuma, lo cual tiene que ver con el culto a la virgen María y una serie de aspectos más o menos eruditos que podemos ampliar en otro momento.

Entonces, el amor romántico no es exactamente una invención, sino una elaboración de un sentimiento de atracción, de anhelo, de hacer cierto tipo de cosas específicamente por la amada o el amado, pero que ya en sociedad se convierte en algo más pautado, más predecible: te tienes que casar, habrás de tener hijos, hacer una familia y adorarse para siempre. Ésa es la chingadera. Porque la finalidad del amor y de la pareja no es formar una familia. Es otra cosa.

No recuerdo si lo que te voy a decir está en el libro *La elegancia del erizo*, de Muriel Barbery, o en *Tren nocturno a Lisboa* de Pascal Mercier:

le preguntan a alguien que si quiere a su esposa y ese alguien contesta: "¿Qué clase de pregunta es esa? Es como si me dijera que si quiero a mi mano. No, no la quiero, es parte de mí". Quiero a mi mano, claro que la quiero, en el sentido que la aprecio, la valoro, sería muy difícil vivir sin ella, pero no es *quererla* como puedo querer a mi amante. La pareja a largo plazo es otra cosa.

Es más fácil enamorarse de una amante que amar a la esposa, comparativamente. Y este amor de pareja a largo plazo, se parece más lo que dice el hombre que compara a su esposa con su mano.

SERGIO Ese punto de vista suena muy brillante, muy coherente, me suena a una respuesta de una pareja que lleva muchos años.

MARIO Precisamente es pareja en la medida en que ha sobrepasado, dejado atrás, asimilado, olvidado, una serie de cosas. El punto es que mucha gente revienta antes de eso.

Se es pareja en ese sentido, como matrimonio o a largo plazo, si y sólo si se ha enfrentado, superado, asimilado muchas cosas. Y ahí me parece que para esta pareja ya no importa demasiado si están juntos o no. Las parejas de 40 años de relación, que siguen juntos porque se quieren mucho porque es más fácil la vida juntos que separados; pero tampoco implica un "me muero sin ti". Se pueden separar, pueden explorar otras áreas, pueden no vivir juntos, incluso.

Esta idea de estar juntos a fuerza creo que es mortal para la pareja, antes y después del matrimonio. El fracaso de la pareja en términos de unión a largo plazo, tiene que ver con su forma actual.

SERGIO Las parejas duraban más antes. ¿Por qué?

MARIO Estaban más reglamentadas y los roles eran más claros. Era *vital* tener una compañera o un compañero en Reno, Nevada o en Lima, Perú, hace 300 años. Por sobrevivencia, por estatus social. ¿Cuál era el camino de una mujer que no se casaba? Las opciones eran terribles. Y en el caso de los varones, también. Sin las facilidades actuales, era muy necesario tener una esposa o esposo para tener hijos que los mantuvieran, que los cuidaran en la vejez, que hicieran crecer su negocio o sus propiedades. Alguien con veinte hijos podía declararle la guerra a su vecino.

SERGIO ¿Estas eran parejas en el sentido amoroso?

MARIO No lo creo. Era algo muy funcional. Muy pragmático.

SERGIO Hay otra cara del pragmatismo hoy en día. El otro lado de la moneda. Creo que complementa la idea de mujeres comparadas con caballos y hombres comparados con automóviles. Hay un dramaturgo inglés llamado Mark Ravenhill, que tiene dos piezas brillantes: *Shopping and Fucking* y *Some Explicit Polaroids*. Sus personajes sueñan con la objetivación de sí mismos, lo que más les gusta es convertirse en mercancía y que los compren. En *Polaroids* hay un prostituto ruso que es comprado por un inglés que tiene sida. "¿Te gusta mi cuerpo? La gente se vuelve loca con mi cuerpo", se la pasa diciendo este ruso, que desea con toda su alma ser una cosa y costar dinero. Lo peor que le podría pasar a un personaje así es enamorarse, porque eso lo humanizaría, y eso es exactamente lo que le pasa al ruso. Se enamora de su dueño inglés y sufre muchísimo. Y los de *Shopping and Fucking* son una bola de chamacos cuya vida consiste en eso: *shopping and fucking*. Nótese que el *shopping* está en primer lugar.

MARIO Ese es otro tema sensacional. Mi buen amigo Augusto Zagmutt, sicólogo chileno, escribió un artículo sobre la pareja basado en otro artículo se-

minal de los italianos Mauricio Dodet y Vittorio
Guidano. Zagmutt desarrolla espléndidamente
una idea de Dodet y Guidano acerca de lo que
ocurre cuando una crisis de pareja ya no es "fisio-
lógica", como muchas que hay. Una crisis fisioló-
gica es una gripa, uno se enferma porque hay virus
en el aire, se va a sentir muy mal, tendrá tempera-
tura alta, dolores de cabeza, todo lo que conlleva
una crisis, que se supera y ya.

O uno es niño y llega a los 12, 13 años y hay
una crisis de desarrollo, y empieza a producir tes-
tosterona y se vienen los cambios, y esto cambios
se resuelven. Nadie diría que una gripe o una gas-
troenteritis es algo anormal, que va a pasar y que
se habrá de superar casi el 100% de las veces.

En la pareja también hay crisis fisiológicas. El
simple hecho de casarte y llegar a tu casa a vivir
con la persona implica un reacomodo. Cuando a
las parejas se las lleva el carajo es cuando la crisis
implica una decepción profunda y el otro ya no
resulta admirable en algún nivel central. Si pienso
en mis relaciones de pareja que se disolvieron, la
ruptura ocurrió cuando yo resulté decepcionante
para ella y ella para mí.

La bronca está en que a veces esa decepción
no tiene que ver con un guión que uno escriba,
sino que es un guión escrito por alguien más.

Por ejemplo, creo que yo llegué a ser decepcionante para una de mis parejas porque no era tan
espectacular, socialmente hablando, ni tan famoso como ella pudiera haber esperado de un hombre que la acompañara en la vida. Quizá se debió
a un estilo mío que no tiene que ver con figurar
en la plana de sociales. Tampoco soy el siquiatra
más conocido de México, ni me contrata un laboratorio importante para dar conferencias en todo

202 | SERGIO ZURITA & MARIO ZUMAYA

México. Con ése, ella no quiere. Pero a lo mejor eso ni siquiera lo determinó ella, sino que estaba respondiendo a un ideal de pareja que su papá o su mamá le dijo que debía tener.

A nivel social, se consumen personas como se consumen objetos. Uno puede negarse a ser un objeto, pero también puede no darse cuenta de que lo está siendo, o de que está objetivando al otro. O de que no está objetivando al otro, cuando el otro quiere ser un objeto de lujo. ¿Cómo llegamos hasta ahí como sociedad?

El cine, por ejemplo, produce una cierta forma de querer. De manera más acentuada el cine estadunidense que por mercado y por vecindad, nos inunda.

SERGIO El cine más determinante en las mentes de todo el mundo occidental es el cine del Walt Disney. A todos los niños desde chiquitos, se nos alimenta con una dieta abundante de Disney.

MARIO Tóxica.

SERGIO Pero genial. Disney es uno de los cinco mejores cineastas de todos los tiempos, nos gusten sus contenidos ideológicos o no. Es tan contundente, tan brillante, que a todos nos vendió la idea y todos la compramos. Sobre todo las mujeres.

MARIO Que son las que llevan a los niños al cine.

SERGIO Sí, pero uno no sueña con ser el príncipe azul, a menos que uno sea muy gay, pero ellas sí sueñan con ser *Blanca Nieves* y *La Cenicienta*. Hasta la más progresista y la más punk de todas. Walt Disney nos marcó y nunca nos dijo qué es lo que pasaba después de que la gente se casaba. Allí está el genio de Disney, además de que es totalmente asexuado. El pato Donald no tiene hijos, tiene sobrinos.

MARIO Ni la Cenicienta. Ni la Bella Durmiente. Una de las cosas que sostiene Disney es el modelo de la pareja ideal. La zapatilla de cristal sólo le queda a una muchacha en todo el reino. Pero eso no es nuevo. El mismo Aristófanes, en *El banquete* de Platón, afirma que el hombre y la mujer eran seres pegados y los dividieron. Según esto, por ahí anda nuestra media naranja y hay que encontrarla.

Es justo ésa la idea fundamental del amor como carencia. Uno lo va a encontrar. Es una necesidad, pues. El amor, en la mitología griega, es hijo de la locura y de la indigencia. Y sí, uno se enamora porque está jodido. La gente que está bien también se enamora, pero de otra manera. Este mito de los seres humanos escindidos, como castigo a su arrogancia, está directamente relacionado con lo que ofrece Walt Disney.

SERGIO Entre los factores que influyen a la pareja actual, está el hecho de que hoy en día hay mayor acceso que nunca a la información. Un ejemplo muy concreto: si me gusta una mujer, la veo a lo lejos y le puedo preguntar al de junto, ¿sabes quién es ella? Y la busco en *Facebook*. Ahí puedo ver cuándo es su cumpleaños, algunas cosas que le gustan, y en la mayoría de los casos puedo ver sus fotos, incluso si ella me ha agregado como su amigo. Tengo acceso inmediato a su vida, lo cual es bueno y malo. Cuando uno se siente atraído por alguien, lo interesante es que está cubierto de misterio, y ese misterio es sumamente atractivo.

Hace poco me metí a *Facebook* —lo cual me hacía sentir un tanto...

MARIO ¿Invasor?

SERGIO Pues sí. Pero la información que está ahí es pública. Ella podría no permitir que la gente pudiera ver sus fotos, pero no lo hace. Así que vi a sus amigos, vi a su familia y me dejó de interesar. En cinco segundos. Hace seis meses, obtener esa misma información me habría tomado dos meses y tres citas, cuando menos. Hay un señor en las fotos que parece ser su papá, y me cayó mal. A lo mejor es un gran tipo, a lo mejor ni es su papá. Pero el caso es que ese avistamiento a su vida personal me hizo perder el interés.

MARIO Hay un libro espléndido de Irvin Yalom, *Los verdugos del amor*. Es una colección de cuentos sicoterapéuticos. Ese libro parte de casos reales para hacer 20 relatos de ficción. En el prólogo, Yalom dice: "Odio hacer psicoterapia en gente enamorada, no me gusta tener como paciente a alguien enamorado, quizá por envidia, pero más bien porque el enamoramiento es misterio, son medias luces, es todo por descubrir, es falta de conocimiento, uno no sabe quién es el otro. Y la psicoterapia debe ser todo lo contrario, debe ser luz, debe ser conocimiento. Entonces, odio tener a un enamorado en terapia porque odio ser un verdugo del amor".

El cuento que da título al libro habla de una mujer que los 70 años seguía siendo bellísima. Diez años antes, a sus 60, esta mujer, ex bailarina de ballet profesional, había ido a terapia por una depresión que tenía que ver con el hecho de que se sentía vieja y creía que estaba perdiendo su atractivo.

En terapia, ella se enamora de su sicoterapeuta y él le corresponde. Se enamoran y son amantes. Un día el hombre desaparece y nunca lo vuelve a ver, lo cual tiene consecuencias en su vida personal, se deprime durante diez años y entonces va a ver a Yalom. Él empieza el trabajo sicoterapéutico, pero además se indigna con el sicoterapeuta anterior: "pero qué falta de ética". Entonces se da a la tarea de localizarlo, lo encuentra y se entrevista con él, y en la entrevista le reclama haber seducido a una mujer de 60 años que además era su paciente. "Usted tenía 38 o 40, ella era frágil, es usted un desalmado". El terapeuta le responde: "Oiga, es que yo me sicoticé, me volví loco por otras razones y pensé, dentro de mi locura, que corresponderle le haría bien. Y de hecho pasó, ella floreció, estaba feliz, se le quitó la depresión… estaba viva. Yo también me enamoré de ella, tanto, que me di cuenta de que estaba sicótico y entonces la tuve que dejar. Y estoy aquí con usted porque quiero reparar lo que hice". Entonces Yalom responde: "Odio ser un verdugo del amor". Esos dos personajes son una metáfora del enamoramiento en sí, de su locura.

Ese libro me pareció profundamente revelador, sobre todo esa frase de que el enamoramiento es misterio. De hecho, yo después hice mía esa idea, y la planteo a la gente que viene a consulta, que si quiere seguir enamorado no viva nunca con la persona de la que está enamorado, porque para mantener el enamoramiento, uno tiene que mantener cierta cuota de misterio, cierta cuota de desconocimiento, porque si no, fatalmente uno se va a decepcionar. Y el punto es hasta dónde y cómo. Eso es complejo, porque también uno puede decepcionarse si las expectativas son muy altas. En fin, hay muchas razones por la cuales uno se puede decepcionar.

SERGIO La decepción es inevitable. Pero de ahí surge…

MARIO Surge un sentimiento diferente, un sentimiento más humano, y digo humano con toda intención, para contrastarlo con la idea de los enamorados como dioses, como suficientes en sí y por sí. Cuando uno se enamora es como dios, de hecho uno hace el amor como los mismísimos dioses, muere y revive. Que no es lo mismo que esta cosa más humana, más terreno, más de todos los días.

SERGIO Y llegar esa cosa más humana, ¿es la aspiración?

MARIO Para mi forma de ver las cosas, sí. Para la forma de ver de una gran parte del mundo occidental, no lo es.

Se puede estar casado y aburrido o soltero y solo.
La felicidad no está en ninguna parte.

—CHRIS ROCK, *Never Scared.*

La última conversación

SERGIO La visión trágica de Friedrich Hayek, de la que hablaré en mi conclusión, me reconforta, me tranquiliza. Yo siempre había dicho que la tragedia me reconfortaba mucho, ir a ver una tragedia, o leer una tragedia, y la gente no me lo entendía y yo tampoco lo entendía muy bien. Lo explicaba diciendo: es que en una tragedia ya sé que a todo mundo se lo va a llevar la chingada, y eso me gusta, me da *comfort*. Y cuando Hayek explica que el ser humano es falible, corto de entendederas falible... Un político va a preocuparse primero por reelegirse que por cualquier otra cosa, y ya luego va a preocuparse por servir a sus gobernados, por eso hay que acotar al gobierno y no darle demasiado poder. Esta visión trágica me reconforta porque también aplica en la pareja, es decir, dos personas no tienen por qué a fuerza ser felices.

MARIO Es la a tiranía de los ideales y de las reglas, ¿no?

SERGIO Sí, claro. A fuerza vamos a ser felices. No necesariamente. Y si sí, va a haber problemas. Entender eso da mucho confort, es decir, "se supondría que" son las tres palabras más destructivas del castellano. Eso que sentenció una vez este genio a una mujer que empezó a decir "yo me merezco tal, yo me merezco cual", y él responde "no, lo único que usted se merece es la muerte, igual que todo el mundo". En efecto, Medea obtendrá la muerte y el Rey Lear también, eso reconforta; ¿quién fue quien lo dijo?

MARIO Jay Efran, profesor emérito en psicología por la Universidad de Temple, Pennsylvania, tiene un libro muy bonito que se llama *Lenguaje, pensamiento y cambio*, muy wittgensteiniano, muy hayekiano, y además, es mago profesional.

SERGIO Entonces, la tiranía de la felicidad, o la tiranía de la pareja feliz, del ideal, creo que hay que acabar con ella. Siempre hay una idea de "paraíso perdido" que no existe y no existió nunca. Lo que distingue a la generación de mi abuela de la actual es que ella jamás entendió el paraíso terrenal más allá de un lugar que existió hace muchísimo tiempo. Y hoy en día creemos que está aquí y que lo podemos encontrar. Y eso a lo único que conduce es a la ansiedad y a la depresión.

Quitando todo eso, puede haber una cierta relajación, es decir, yo entro a dirigir una obra de teatro con un nivel de tensión altísimo y con gran preocupación y con gran miedo, pero al mismo tiempo con la confianza de que soy un profesional y de que las cosas pueden salir bien, pero si no salen bien pues me dará mucha tristeza, a lo mejor me deprimo, pero nada más.

En cambio, la presión que se le pone a tener éxito en una pareja es mayor: se supone que todo el mundo tiene que ser muy feliz siempre. La boda real de Kate y William tuvo un *rating* altísimo, tuvo un éxito tremendo, la gente sueña con eso. Y ahora ella, desde que se casó, ha bajado como cinco kilos, es una lombriz, por estar sometida a la presión de que es una princesa y tiene que estar impecable todo el tiempo. Es como para volverse loco. ¿Quién querría estar en sus zapatos? Todo el mundo sueña con ser la princesa, pero la princesa sabe que la realidad es muy distinta a lo que la gente se imagina.

Esa sería mi conclusión. Y esto no es pesimismo, es mera realidad, es decir: cualquier humano se va a sentir atraído por otro que no sea su pareja, por momentos detestará a su pareja, y la terapia puede ayudar mucho, pero, como cualquier médico, un psiquiatra sabe que no todas las parejas se van a salvar. A veces hay que amputar un miembro. La gente se muere, le pasan cosas y a veces hay que cortarle un brazo. Del mismo modo, a veces las parejas se destruyen, no sólo las que empiezan, también las que llevan muchos años juntas. Eso es real y le puede pasar a cualquiera. Esta visión trágica es lo más optimista en lo que puedo pensar.

Creo que eso es lo que me cae gordo de la nueva película de Woody Allen, *Medianoche en París*. Me parece un engaño el hecho de que proponga que uno sí va a encontrar su media naranja.

MARIO ¿La muchachita del puente?

SERGIO Sí, Gabrielle, que vende discos de Cole Porter. En apariencia es la media naranja del protagonista. Pero luego quiero ver la película de ellos dos, es decir, van a pasear por el Sena y se van a tomar de la mano, ¿y luego? Ella también tendrá sus asegunes, igual que la otra.

MARIO Regresando al tema, la tiranía de los ideales y de los "debería" y "se supondría que", efectivamente es algo que habrá que quitarse de encima. Obviamente sin entrar a una autocondescendencia permanente, diciendo que la vida es una mierda. No se trata de eso. Se trata de reconocer límites, especialmente difíciles de reconocer en la pareja, porque ese estado de gracia del enamoramiento nos hace pensar que la pareja no tiene límites. Y también hay que considerar que lo que llamamos amor parece ser una especie de embeleso por alguien o por algo que nos produce una especie de "afianzamiento" ontológico.

La ontología es la rama de la filosofía que trata del ser, o de las características del ser, o de la identidad de los seres. Entonces, si algo o alguien me afianza en mi ser, esa gente o ese algo me hace ser quien soy, o me hace estar en el lugar que quiero estar. Digamos que si encuentro a alguien a quien voy amar, lo voy amar porque me hace sentir como en casa, pero esa casa soy yo. Me afianza, me da una raíz. El amor a Dios por ejemplo, a final de cuentas, es el amor al origen de donde vengo, y al amar a Dios todo se soluciona.

El término en inglés, esto de afianzamiento o anclaje ontológico, es *rootedness,* en el sentido de que eso que amo, lo amo en la medida en que me hace ser, más que nunca, como soy. Me da un sentido de vida. Y, claro, uno está a punto de matar al de enfrente, a la persona amada, cuando se niega a proporcionarnos ese afianzamiento.

Como uno está hecho de guiones sociales, el otro, el amado o amada, siempre produce la fantasía de que con ella o él sí la voy hacer. Queriendo decir con esto que todos mis ideales se plasmarán. Entonces, habría una negativa inmediata aceptar esa visión trágica de la que hablas. Pero a final de cuentas es lo que se nos impone y es donde hay que moverse.

Mi conclusión va más bien por el lado del no límite. De esta transformación constante, de esta posibilidad de tener siempre visiones alternativas dentro de la pareja. Lo cual no contradice lo que estás planteando. Más bien lo complementa.

Quiero decir con eso que estoy implantando una visión más optimista, no trágica. Aceptando las limitaciones, pero más ligera, que espero no sea superficial. Creo que es un buen contrapeso.

Decía George Kelly, el de las teorías cognoscitivas de acercamiento a la personalidad, que siempre es posible interpretar el mundo de maneras alternativas. El límite nos lo da nuestra estructura física. O sea, yo no puedo volar, por ejemplo.

Hay otro límite que implica la ética, o sea, el respeto, el no lesionar a nadie en ese planteamiento del mundo de diferentes maneras o condiciones alternativas. Entonces, el límite es un límite ético, trágico, pero al mismo tiempo siempre existe la posibilidad de reinterpretación. Pienso que en esa dinámica nos movemos, como un *on-off* continuo.

SERGIO Entonces, si pudiéramos tener una conclusión dialogada del trabajo que hemos hecho, de las conversaciones que hemos tenido, y de la pareja actual dentro de los límites de las parejas que usted y yo conocemos, de cierta clase social de mexicanas y mexicanos de hoy en día, usted concluiría que las parejas hoy en día... Es una pregunta demasiado larga, necesito cerrarla más... En el nivel de pareja, ¿estamos mejor hoy en día que antes?

MARIO Esa es muy buena pregunta, ciertamente. Me pregunto por qué te costó tanto trabajo llegar a ella. ¿Eso es lo que querías preguntar?

SERGIO Es que si hago una pregunta demasiado general, hacemos otro libro. Quisiera acotarla un poco más. Además, a esta generación la juzgará la generación siguiente. ¿Qué opinarán los niños que ahora tienen cinco años de sus papás cuando sean grandes? ¿Estamos mejor que en los cincuenta? ¿Estarán mejor ellos en los años veinte y treinta de este siglo?

En algunos sentidos pienso que sí estamos mejor que en los cincuenta. Pero a veces no estoy seguro de ello. En el horizonte de mis abuelos no cabía ni siquiera plantearse la palabra felicidad. ¿Cuál felicidad? Te paras, trabajas, comes, mantienes a tus hijos y se acabó. No hay cuestionamientos. Cuando te mueres te vas al cielo o al infierno, eso sí, pero la vida no está hecha para la felicidad. Ese era su punto de vista, y a veces me pregunto si no habrán tenido razón. No sé, pero ya estoy haciendo varias preguntas dentro de una misma. Quisiera tener un cierre de diálogo entre usted y yo al respecto de este libro, pero a lo mejor no es algo que se pueda forzar.

MARIO En algún momento de las conversaciones previas, tú decías que cada vez te gustaban más los finales inconclusos. Yo estoy de acuerdo. Permiten que la gente siga debatiendo.

Pero bueno, ¿la pareja ha evolucionado? No nos relacionamos igual que en los cincuenta, eso creo que es definitivo, los roles más esquemáticos de aquel tiempo, el papel de la iglesia, y el estado más claramente dominante, con un peso en la toma de decisiones y en la forma de vivirse, enamorados, y casados, y pro familia, y el desarrollo estabilizador, y esta cosa de Miguel Alemán y de Ruiz Cortines, en aquellos años, donde todavía México era un lugar muy prometedor, tan prometedor, que las grandes fortunas de este país se gestaron en esos tiempos, el desarrollo industrial y toda esa historia... En el cine, todas las películas de Fernando Soler y Prudencia Griffell o Sara García, que son como nuestros abuelos, poquito más o menos de los cuarenta a cincuenta, por ahí, las parejas mismas como Marga López y Arturo de Córdoba, Pedro Infante, toda esta cosa muy campirana, no tan citadina. Pero en fin, está muy claro cómo amaban las mujeres y cómo amaban a los hombres, muy claro, creo yo.

El 68 —es un lugar muy común—, es un parteaguas, no solamente porque se protesta contra todo ese sistema. Mi generación precisamente, y mucha gente que anda todavía pegada ahí a los setenta años, o un poquito más incluso, esa cosa de protesta, de ruptura, esta, cada vez, mayor participación femenina, que ya venía gestándose desde los cincuenta, por la píldora, por una serie de cuestionamiento de las mujeres, digo creo que si alguien ha cuestionado y cambiado las cosas en este mundo, no solamente en México, es el género femenino, nosotros no hemos cambiado tanto, son más bien ellas las que han tenido una serie de cambios o participación más acentuada en el mundo del trabajo, etcétera, etcétera.

Entonces, hoy por hoy, ¿dónde estamos?, bueno, las mujeres no quieren repetir nada de lo que hicieron sus mamás, ni mucho menos lo que hicieron sus abuelas. Nosotros, yo creo que hasta cierto punto, quizá con cierta nostalgia, alguno de nosotros masculinos extrañaríamos ese tiempo en que el rol estaba bastante definido, incluso claramente previsto, si se quiere; el que lleva los pantalones en esta casa es uno y la mujer sabe cuál es su lugar. Es una nostalgia de la claridad y definición de los roles y también de la posición más ventajosa del varón, ni hablar. Con esto también quiero decir que los varones se plantean, consciente y claramente, esta equidad entre hombres y mujeres, estos modelos que no son nacionales, evidentemente, canadienses, suecos, escandinavos, donde el señor se hace cargo del bebé por número de años, o pide una licencia o se la da el estado, para que esté con su hijo recién nacido, seis meses con goce de sueldo, cosa que me parece muy positiva desde el punto de vista psicológico para el bebé, para la integración de la pareja, pero de verdad ¿eso en México sería real, sería factible?, ¿o es mera pose? Yo creo que es mera pose, porque seguimos siendo bastante primitivos en ese sentido.

Sí creo que en México, actualmente, la gente se cuestiona cada vez más si se casa. La gente no es que esté en contra del matrimonio, pero no le interesa casarse. Creo que le interesa más la posibilidad de hacer pareja, pero también está claro para esta generación que no es necesariamente la pareja única y la misma para toda la vida, se está abierto a otras posibilidades. Esto, ¿enriquece a la gente, nos hace más felices, más libres, más plenos? Híjole, me brinca ahorita, en este momento la película que acabo de ver hace 4 horas, la de *Medianoche en París*, la última escena entre Owen Wilson y Marion Cotillard, cuando ella decide quedarse en el París de la *Belle Époque* de finales del 800 principios del 900, cuando en toda la película Woody Allen hace esta recreación del París de los veintes y el güerito le dice a Marion que siempre nos vamos a tratar de regresar. Estos de la *Belle Époque* quieren estar en el Renacimiento y probablemente los del Renacimiento estar con los griegos. La idea de que todo tiempo pasado fue mejor, y él mismo dice que no, el presente es lo que hay que vivir, y yo estoy totalmente de acuerdo.

¿Es mejor el presente? Creo que sí, en cuanto a posibilidad y potencialidad, creo que de 1950 para atrás hasta, para no exagerar mucho, de la caída de Tenochtitlan en 1521 y hasta 1950 no pasó nada con la pareja; vamos, no había ninguna transformación, la cosa estaba muy definida, de los años cincuenta para acá ha pasado todo y sigue pasando todo y va a seguir pasando todo. Y ese todo, creo, es esperanzador, a pesar de los pesares, quiero decir, a pesar de la crisis matrimonial, y ahí las buenas conciencias se jalan las vestiduras y dicen "qué barbaridad la gente se divorcia más del 50% a 6 años". Pues sí, lo que está en crisis es la institución matrimonial no la pareja, la pareja siempre va a existir, el amor siempre va a existir, el cómo nos relacionemos en la actualidad con una enorme potencialidad, pero también con una baja tolerancia de la chingada. Quiero decir con esto que mucha gente se divorcia a las primeras de cambio, y no estoy hablando de que sean masoquistas, sino que algún amigo mío un poco cursi decía, y yo le creo y lo secundo, se ha perdido la voluntad de amar, o sea este amar dentro de este amor tan sujeto a prescripciones, sujeto a condiciones.

SERGIO Sujeto a restricciones.

MARIO Sí, sujeto a restricciones, y estas restricciones son de lo que tú hablabas, estos "debiera ser": "si no somos felices, o somos infelices más de tres días, hay que divorciarse, si no tengo más de dos orgasmos a la semana, entonces hay que divorciarse". Estoy ridiculizando las cosas, por supuesto, pero se ha perdido mucha tolerancia, por desconocimiento, pienso. No se conocen bien los fenómenos amorosos y eso es lo que estamos tratando de desentrañar, algunas claves útiles.

Mi conclusión entonces va en el sentido de estamos mejor. Yo creo siempre, por sistema, de otra manera me tiraría por la ventana, en la posibilidad de que uno se enriquezca, tenga más experiencias, tenga la posibilidad de leer más adecuadamente lo que le pasa con su pareja y en lo personal. Hoy día esta posibilidad es mucho mayor que en toda la historia previa y esto nos haría teóricamente —o bueno, ni tan teóricamente— creer, Sergio, que tu vivencia o la mía frente a nuestra pareja amorosa es más rica y más esperanzadora hoy por hoy, y no es silbar para espantar a las buitres, o hacerme ilusiones frente a un derrumbe de la pareja o personal, no, no; creo que la vivencia es más tranquilizadora, la mía o la tuya, y que no lo es para mucha gente que conozco, amigos, de una amargura espantosa, viviendo en un infierno innecesario del que no se salen por sus hijos, o pacientes aquí en mi consulta, metidos en unas broncas espantosas, muy sombrías muy sin salida, muy jodidas. También aquí viene gente que está con serios problemas, pero intenta resolverlos, busca y dialoga, eventualmente terminando la misma relación de pareja, y están en el ajo, no sin esperanza. Digamos que, entonces, creo que el asunto de la pareja me gusta, porque va bien, con más consciencia.

SERGIO O sea el presente, usted dice que el presente es el mejor tiempo que hay, y pues sí, pero además es lo único que hay.

MARIO Es lo único que hay, exacto. Es lo único que tenemos al final de cuentas y, claro, también hay un pasado que puede ser muy aleccionador, que lo es definitivamente, que además se transforma todo el tiempo. Entonces existe la gran paradoja de estar todo el tiempo reinventándonos, con la posibilidad de reinventarnos sin caer en la trampa de que hay que cambiar todo el tiempo, de que hay que estar en movimiento todo el tiempo, y ésa sería otra pinche tiranía. Hay un límite, como dices, y mientras más claro esté, mejor, entonces nos declaramos "unamunianos": la visión trágica de la vida con límites.

SERGIO ¿Unamuno?

MARIO Si, Don Miguel de Unamuno, así se titula uno de sus libros: *Del sentimiento trágico de la vida*.

SERGIO Entonces ¿estamos mejor en el presente, esa sería una conclusión?, o por lo menos eso es lo único que hay, y este asunto de la igualdad, de que en los países del primer mundo se da más... Tengo la sensación de que la idea de igualdad nos puede matar, creo que los seres humanos no somos iguales, los hombres y las mujeres…, es más ni siquiera dos hombres son iguales. Creo que el hombre y la mujer no somos iguales y en aras de la igualdad se pueden cometer graves errores, e incluso graves delitos. Opino ahora y cada vez más con mayor convicción, que no se trata de buscar la igualdad. Y alguien dirá "claro, porque tú eres hombre y güerito y de ojo azul y de clase media alta, pues claro que no quieres la igualdad, pero una mujer indígena oaxaqueña sí quiere la igualdad". No, creo que no, no sé pero eso de que en la pareja entre más igualdad haya entre sus miembros es más feliz… Eso es una falacia, porque no se puede; es decir, si todos fuéramos iguales el beisbol sería muy aburrido porque sólo habría puros pitchers, y el señor que me acaba de vender una papaya, hace dos horas no existiría: sería pitcher también. No somos iguales, es decir, yo soy un pobre estúpido para ciertas cosas, las mismas cosas para las que mi esposa es brillante, y viceversa. No somos iguales, no vamos a ser iguales, no sé si estoy siendo claro.

MARIO Creo que sí, pero mira, me voy a azotar un poco porque yo me considero miembro de una generación muy castigada, de masculinos específicamente, muy golpeada, sin subirme a la cruz, ni nada que se le parezca; pero más o menos por ahí de los quinces años míos y de mi generación de amigos, caímos en la cuenta de que uno de los pecados más graves era ser macho. Ser macho era cualquier cosa con la que una mujer de mi generación no estuviera de acuerdo, que no le gustara: el tono de voz, la actitud, la forma del trato, los privilegios y prerrogativas masculinos y, bueno, no me voy a detener a lo que ellas pudieran hacer o pensar mejor que yo. Lo que sí sé, lo viví, es que esto te produce una inseguridad bestial: "¿estoy siendo macho, estoy actuando con inequidad, estoy siendo un fascista, un *male chauvinist pig* (un cerdo masculino chovinista, también conocido coloquialmente como patrioterismo, es la creencia narcisista próxima a la paranoia y la mitomanía de que lo propio del país o la región a la que uno pertenece es lo mejor en cualquier aspecto). El nombre proviene de la comedia *La cocarde tricolore* de los hermanos Cogniard, en donde un actor con el nombre de Chauvin personifica un patriotismo exagerado. Esto está muy mal, no está de moda, y es reprobable y además las chavas con quienes me quiero acostar son las interesantes, *intelectualonas*, y por tanto no puedo ser ni demasiado seductor, ni demasiado agresivo, tengo que cuidarme muchísimo de no ser macho, o de tratarlas "de igual a igual"; cosas de que las primeras en quejarse eran ellas.

Las mujeres de mi generación estuvieron, algunas siguen estando, muy atrapadas en esta reivindicación de los derechos femeninos. Por supuesto estoy muy de acuerdo que han estado y siguen estando oprimidas y la chingada, sí, sin duda, pero al mismo tiempo, conservan todos los privilegios de esta posición de madres, esposas, dizque "reinas del hogar, poseedoras de la intuición, poseedoras de la sensibilidad, poseedoras del sentido práctico de la vida", mientras que toda la pendejez, la brutalidad y la violencia, es territorio masculino; en fin, ya se ha decantado ese movimiento, yo diría que aproximadamente de los ochenta, noventa, para acá, este feminismo "salvaje" de los sesenta, de la quema de brassieres y todas esas historias, probablemente hasta mediados de los ochenta. En la actualidad, comparto con la gente que yo considero más lúcida, dentro del ambiente feminista en México, no el tema de la igualdad sino, más bien, de equidad en cuanto a derechos, derechos humanos, derechos laborales. No hablo de igualdad, hablo de equidad, en cuanto a sueldos, en cuanto a prestaciones, en cuanto a utilización del tiempo, educación, estoy totalmente de acuerdo; pero no dice somos iguales, porque se dan cuenta que en esta primera ola del feminismo las mujeres se han convertido en hombres y tratando de gozar de los privilegios masculinos más chafas. Por ejemplo, recuerdo mucho un estudio en Italia de los años ochenta, principios de los noventa, donde el número de parejas sexuales de cualquier ejecutiva italiana era casi el doble de los ejecutivos masculinos en condiciones de igualdad de edad y de puesto, o sea, una cosa es "vamos a tener una sexualidad como hombres, vamos a coger con todo el mundo, porque los hombres cogen con todo el mundo", como bandera; como si las mujeres no lo hicieran o como si nunca lo hubieran hecho, ¡claro que sí!, no como nosotros, sino a su estilo, más discreto.

La forma de comportarse a nivel de trabajo de muchas de estas feministas de primera ola, agresiva, hijas de la chingada, masculinas, pues, con todos los defectos que esto tiene. Me da la impresión de que en esta nueva ola menos rígida y más aterrizada, lo que se busca, insisto, es esta equidad en todo ese terreno social, derechos humanos, laborales, etcétera, culturales, derecho al placer incluso, derecho sexual por supuesto, pero conservando las diferencias. Las diferencias del alambrado mental, las diferencias que no tienen que ver con el sexo o el género, como la inteligencia, porque hay mujeres inteligentísimas, como también hay hombres inteligentísimos, en todos los terrenos. No somos iguales, no, no somos iguales, totalmente de acuerdo, ni entre hombres, ni entre mujeres, y que bueno, además.

Lo que tú dices me parece muy simpático, eso de que todo mundo sería *pitcher*, pues sí, qué horror, todo el mundo seríamos cirujanos, o todos tendríamos que hacer todo, y no se puede; es muy tranquilizador que no seamos iguales, que esto signifique en un momento dado opresión y violencia, puta madre, no somos animales carajo, y esto va un poquito junto con pegado, lo que quiero decir con esto, es que los más aptos en un momento, van a ser los más cabrones, o sea la gente buena para los negocios siempre nos van a chingar a los que no somos buenos para los negocios, y bueno, teóricamente ese sería el papel del Estado: normar o hacer que haya justicia social: yo tengo todo el derecho de ganar cierta cantidad de dinero pero eso no me da ningún derecho a pegarle de gritos a la gente que hace servicios o trabajos no tan bien remunerados como el mío; esa es la función del Estado, garantizar una seguridad y una cierta equidad e igual tengo que pagar impuestos, no me puedo hacer pendejo.

Sabemos que han sido unos farsantes de la chingada los adalides de la igualdad, el modelo soviético-estalinista; Mao, toda esta teórica igualdad de los seres humanos, que lo único que ha producido es miseria y otras cosas espantosas. Ahí mi estimada Ayn Rand, nuestra estimada Ayn Rand, con la que guardo algunas diferencias, por supuesto, creo que sigue siendo un referente muy importante. Ayn Rand parece plantear esta cosa de la meritocracia como tal y estoy totalmente de acuerdo, pero entre hombres y mujeres no creo que seamos iguales ni quiero ser igual, en lo personal, porque es muy consolador, alentador, tranquilizador, que mi mujer tiene ciertos talentos que me hacen a mí descansar en ella, o ser guiado por, y al revés, y qué rico poderla guiar y proveer y proteger y la chingada en determinados aspectos. Creo que es parte de la hombría o de la feminidad.

SERGIO Ahora, yo en mi experiencia con mujeres de algunos años, estoy recién casado pero a mi mujer la conozco hace un año, me refiero a las mujeres de 25 a 35 años hoy en día, tal vez más jóvenes, como de 20, de 18 a 35, hay una especie como de cosa amorfa de la cual no puedo ni siquiera hablar porque no está determinada, pero son reglas no escritas de cómo tiene uno que comportarse, y de cómo tiene uno que hablar y de cómo tiene uno que amar, y cómo tiene uno que ser en pareja y en la vida en general, que generan una especie de estigmatización, señalamiento. Lo que me decía usted, de que su generación de masculinos estaba estigmatizada, el hombre, estaba estigmatizado en no ser macho.

¡Híjole! y qué es macho y qué no, quién sabe, no estoy muy seguro. ¡Qué ansiedad!, no me sé comportar, hoy por hoy no me sé comportar muchas veces con mi pareja, o en general, hoy en día con mi esposa, y antes con mi anterior pareja, con mis otras parejas, o con las mujeres, porque hay ciertas cosas que no hay que hacer y ciertas que sí se valen, pero todo es muy disparejo, hay un montón de cosas que no termino de entender, pero que son reglas no escritas, como de lo políticamente correcto, de ecología, de ciertos ideales de vegetarianismo, de espiritualidad, de una serie de cosas, pero que son amorfas, que no son las leyes como: "si tú matas a alguien te meten al bote punto". Todo eso es como una especie de cárcel que de pronto se mete en las relaciones de pareja y de pronto no sé cómo comportarme ante ciertas cosas. A veces me da miedo decir cosas como que las corridas de toros me parecen bellas, siento que se me van a echar encima las mujeres o mi propia pareja; no estoy seguro de cómo reaccionará ante mi disfrute del box, al que no soy un aficionado pero me parece un deporte muy notable; o comer carne, o usar chamarras de piel; o defender la experimentación con animales, porque eso no sólo nos ha dado las medicinas, ya que primero se experimentan con animales y luego con personas. Hay mitos alrededor de esto, hoy en día se habla de que no hay que vacunar a los niños porque eso genera autismo, y existe un cierto desprecio de la ciencia y un cierto abrazo hacia la ciencia que no es ciencia. De pronto se habla de mecánica cuántica, cualquier cosa es mecánica cuántica, y esta cosa como espíritu de los tiempos que, justamente por ser un fantasma, no se puede agarrar, siento que genera una serie de discursos y de parloteos, y de rollos aprendidos, con los que no se puede avanzar. David Mamet decía que estaba enseñando dramaturgia a unos alumnos de una escuela en los Estados Unidos y de pronto se le ocurrió decir que a la protagonista la secuestran unos terroristas árabes…, y se acabó la clase porque en ese momento alguien dijo "¿ y por qué árabes?", y alguien dijo "sí, exacto"; y empezaron a parlotear el discurso de los tiempos actuales y acabaron diciéndole que era un racista, alguien le gritó racista, se acabó la clase y de pronto alguien dijo más que era responsabilidad del dramaturgo poner constantemente, cuando se pudiera, a dos hombres besándose en escena, porque eso era lo políticamente correcto; vaya, la clase se fue al carajo, estaban tratando de aprender dramaturgia y nos fuimos por la tangente y todo el mundo empezó a decir sandeces. Me asusta que de pronto mi esposa y yo estemos tratando de hacer una vida juntos y acabemos en un pleito, no por el Islam, pero sí en un pleito por los derechos de los animales, o en un pleito por el calentamiento global, por discursos de los que la gente joven habla, y cuando digo gente joven de 25 a 30 años que están hablando todo el tiempo. Es decir que usted, en algún momento, invitaba alguna chica a salir, en esa época en que estaba estigmatizado ser macho, usted lo único que quería era salir al cine y pasársela bien una tarde o una noche, o a lo mejor una vida, y todo se acabó por una serie de rollos aprendidos que quién sabe de dónde vienen. Es decir, tan está mal volver a los estereotipos de los años cincuenta como adaptarse a esta cosa amorfa que, además, ni siquiera es clara. Es decir, a mi me queda muy claro que no hay que tener esclavos hoy en día, pero no me queda muy claro si el calentamiento global es real, no creo que no haya que vacunar a los niños y no creo que las vacunas den autismo, y no creo en los extraterrestre, y no creo en los cuarzos, ni en el *new age*, ni en una serie de cosas que están ahí, y nos dicen cómo comportarnos, pero no son claras, no sé muy bien al respecto, esto es nuevo, o sea no sé qué hacer respecto a esto nuevo, que ni siquiera tiene un valor, o sea ni siquiera es como un cambio de valores, es como una decantación hacia algo amorfo, que no tiene sentido, eso es lo que me preocupa. Y cómo me comporto yo con mi esposa ante eso, es decir, qué digo, qué puedo decir o no decir, a veces me siento como el mismo David Mamet dice en el libro *The Secret Knowledge*, como estando frente a la Reina de Inglaterra: "¿cómo te comportas?, ¡en la madre!, no sé cuál es el protocolo; llega la reina y,

¿me pongo de pie?, supongo, pero, ¿le extiendo la mano?, ¿espero que ella hable, me acerco?, ¿espero a que ella se acerque?, *what's going on?* (que está pasando)".

MARIO Uff..., ese es todo un tema. Creo que tienes razón, hay toda una "cosa" verdaderamente amorfa, que probablemente yo detecte menos que tú, mucho menos.

SERGIO Es que es muy actual. Estoy hablando de mujeres de..., yo voy a cumplir 40 años en meses, estoy hablando de mujeres de 35, 25, 18, quiero aclarar que con las de 18 no salgo, pero convivo con ellas.

MARIO Si te digo que es mucho más fácil que tú lo captes no solamente por edad, sino por tu misma profesión, tienes que ver con muchos ámbitos, tiene que ver con mucha movilidad social, y en ese sentido tienes mucho diálogo con gente joven de todas las edades, cosa que no es mi caso. Digamos que ese grupo de edad uno lo empieza a ver con cierta condescendencia o con cierto estupor, o sea ¿de qué *chingaos* me están hablando? ¿qué es esto? Brecha generacional, pues. Sin embargo, hay cosas claras para mí como todo este rollo posmoderno en el mejor de los sentidos, de este fin de los grandes discursos, de las grandes verdades, de la religión cada vez menos funcional, de los grandes sistemas como el socialismo, capitalismo salvaje, neoliberalismo, todo esto que no ha dado respuestas, entonces no hay mucho de donde agarrarse, esa cosa del chingado internet, donde la cantidad de basura e información, no sé si corre o va pareja la basura o la información adecuada, pero los discursos, en general, son de una superficialidad increíble.

SERGIO Yo me siento hoy, bajo la tiranía del *Facebook*, es decir, ayer mi esposa me dijo que era el "día Mundial del Orgasmo Femenino". ¿Y eso qué significa? ¿Quién está dictando estas normas?, y eso es lo que se está consumiendo, es decir, eso es lo que se está leyendo, en fin…

MARIO Esta cosa amorfa extraña, que quién sabe de dónde sale, modas, lo dijo… ¿quién?, pues lo dijo Paris Hilton, o lo dijo un pendejo al que lo siguen tres millones de otros más pendejos en *twitter*.

SERGIO No, es que ojalá fuera Paris Hilton, de Paris Hilton la gente inteligente dice "lo dijo esta pendeja y no tiene importancia", pero de pronto hay quienes sueltan información totalmente falsa acerca de muchísimas cosas y la gente lo cree.

" *¿Era Lacan una perra?*
  —MANUEL FALCÓN.

MARIO Exacto. Mira, ya que estamos tocando este asunto de internet como fenómeno y lo que le está haciendo a la cultura, al ambiente cultural, social, en que vivimos, lo discute mucha gente. Un ejemplo reciente de los usos y abusos de la red. Ayer mismo un colega desde Santiago de Chile, me pregunta por Skype: "Mario: ¿qué es esto?, ¿qué está pasando en tu país?", y hace alusión a un curso al que lo estaban invitando, por *email* por supuesto, a algo que se llama "Holoquinética", creación de un señor Rubén Feldman o algo así. Una cosa espantosa de un charlatán increíble, que tiene 30 años de ser un charlatán. Vi por mera curiosidad dos entrevistas en YouTube con este señor y el discurso es verdaderamente incoherente, pero este farsante es una personalidad mediática, y así habrá 700 o más ejemplos en la red, que producen una especie de niebla, como dices, que hace no ver las cosas claras y, efectivamente, uno tiene que andar con mucho tiento para no chocar. Es como una niebla conceptual que también determina qué es correcto y qué no. Es ahí precisamente en donde yo creo que habría que creer en la tripa, en el conocimiento visceral. Es difícil, por supuesto, confiar en uno mismo, confiar un poquito en el *feeling*, el sentimiento, y no en farsantes. Y sé que la tripa no es suficiente, se requiere de una mayor formación y solidez intelectual.

Te pongo otro ejemplo que no requirió de Internet y de la que fueron víctimas señoras y señores supuestamente bien preparados: hubo una moda en México, en mi profesión, a partir de los años ochenta y noventa acentuadamente, y hasta la fecha de manera más mesurada, producto en buena parte del exilio sudamericano, argentino concretamente: la "escuela" de un señor francés, psicoanalista, que se llamó Jacques Lacan. En los medios psicoanalíticos e intelectualoides de "avanzada" se hablaba todo el tiempo de Lacan y lo maravilloso y sabio que era, y entonces me sentí obligado, profesionalmente, a ver de qué se trataba el asunto, y los textos que consulté sobre este caballero me resultaron absolutamente ininteligibles; dicho de otra manera: no entendí un carajo. La respuesta habitual de mis amigos psicoanalistas era que yo no entendía nada porque, claro, yo no era psicoanalista. Lo cual es el discurso típico de muchos de estos compañeros, sobre todo los más ortodoxos. Yo les respondía que, de seguro, se puede hablar de China sin ir a China; o les preguntaba un poco en broma si sólo los muertos pueden hablar de la muerte, pero la verdad de las cosas es que me puse a estudiarlo, yo soy así de necio, y conseguí un libro del mismísimo Lacan…, y no se entendía un carajo. Y yo tengo una certeza, que a lo mejor tiene que ver con mi narcisismo o enorme vanidad, y es que si yo no entiendo algo escrito no es mi problema, es el problema del señor que escribió eso, porque el señor no es claro, punto. Y digo esto porque estoy seguro de tener la capacidad para entender lo que sea, incluyendo física nuclear, física cuántica, si tengo un señor que me tenga paciencia y me lo explique con peras y manzanas, al que le digo "haz de cuenta que tengo 4 años y explícamelo con peras y manzanas", porque puedo entender lo que sea, y no solamente yo, creo que cualquier persona con una inteligencia promedio puede entender lo que sea.

Ahora bien, el payaso Lacan, que se hizo muy rico por cierto, es parte de este fenómeno posmoderno, o mejor, de aquella parte de la posmodernidad en donde "todo vale" al fin y al cabo todo es interpretación, todo es una "construcción" social.

Tengo una profunda fe, mi estimado Sergio, en este aspecto emocional del ser humano: uno sabe de tripa, visceralmente, por donde van las cosas, quiero decir, uno tiene un piloto automático que le dice si las cosas son buenas o no, si las cosas van bien o no. Sé que esto es una generalización enorme, sé que es muy vago lo que estoy diciendo, pero hay que creer en uno mismo, no en la moda. Creo que este tema es muy amplio, muy real, y también me asusta mucho lo de la moda, del farsante Lacan o el farsante Feldman, o de los miles de farsantes que aparecen en los medios. Y me preocupa mucho porque he de decirte que la gente joven es especialmente vulnerable, y te hablo de mi experiencia como profesor desde hace varios años, 20 por lo menos, en La Salle, en la UNAM, el Tecnológico de Monterrey, en la Ibero. En particular en La Salle y el Tecnológico de Monterrey, donde mis alumnos estudiantes de Psiquiatría, médicos graduados, están justo en esas edades promedio, mujeres y hombres de 25 a 30 años, y te estoy hablando de La Salle, Ciudad de México; del Tecnológico de Monterrey, en Monterrey; escuelas muy plurales, gente de toda de República; bien comidos, con un buen aporte proteico, clase media, media alta, en su generalidad privilegiados; generaciones de seis estudiantes, con 14 profesores de planta, puta ¡ni en Harvard! Bueno, *grosso* modo, la mayoría de ellos son unos superficiales mal preparados. No me refiero como médicos, hablo de su cultura general, hablo de su información en términos generales, carecen de curiosidad intelectual y, en consecuencia, de solidez conceptual, de garra, de ambición, de *punch*... ¿Qué coños les pasa a estos pendejos?, toda su cultura es de Internet, con la profundidad de una corcholata, no tienen idea de nada, de medicina más o menos; hablo en general, por supuesto hay, como siempre, honrosas excepciones, pero es alarmante. Me da pena decirles: oigan ¿saben ustedes quién fue Dostoyevsky?, y no tendrían por qué saberlo, más bien sí tendrían por qué saberlo por qué *chingaos* no, pero no le dan la utilidad a saberlo no entienden por qué es importante saberlo. Y están confusos y hechos bolas existencialmente y con la sensibilidad de un adobe, son estudiantes de psiquiatría, y no es que esté poniendo mi profesión como lo máximo, pero estamos hablando de un tercer nivel médico, de especialistas de alto nivel, en una especialidad que es o debe ser una mezcla de humanidades y ciencias, y... están perdidos. No quiero pensar lo que pasa con los cirujanos y los ortopedistas, por no hablar de los ginecólogos; debe ser un horror y un vacío intelectual pavoroso. Mis colegas médicos, psiquiatras o no, las personas todas somos peligrosas en tanto ignorantes. Como lo somos todos en tanto no sabemos que no sabemos.

SERGIO Es que por otro lado hay la superficialidad que se disfraza de profundidad, y ahí también me alarma mucho, es decir, entre los artistas es natural que haya una decepción ante las religiones que existen, pero es muy escandaloso hacia lo que se van, a esto no lo llaman religión, lo llaman espiritualidad, que es lo mismo pero con otro nombre, pero sin una estructura, un champurrado, pero… de pronto eso me angustia mucho.

MARIO Todo el mundo es budista.

SERGIO Sí, todo el mundo es budista.

MARIO Y de Casa Tíbet.

SERGIO Sí, pero budista. Budista y no, pero hay una ambigüedad ahí que me preocupa. Lo que me está usted diciendo, de algún modo no hace pensar en Bob Dylan electrificándose, y que su público que era letrado —se necesita ser, por lo menos saber leer bien para entenderle a Dylan—, y le mentaban la madre, le decían que era un pobre estúpido, y ahora resulta que nadie fue a ese concierto del Royal Albert Hall en 1965, nadie le gritó: "Judas". Cuando le gritaban "Judas", luego ya se supo que había línea de parte del Partido Comunista Inglés para ponerlo en su lugar, pero lo que me está usted diciendo es que así como hubo Lacan, y ahora hay quién sabe qué, está esta cosa amorfa, entonces siempre lo ha habido y no hay que preocuparse demasiado.

MARIO No, yo creo que, particularmente en esta época, hay que preocuparse y mucho porque el acceso a la información, refiriéndome a cualquier tipo de información, es instantáneo y sin criterio de exclusión, y ahí está la fregadera. Cuando uno dice sin criterios de exclusión, inmediatamente se piensa ¿quién eres tú para poner criterios de exclusión?, eres un pinche fascista. Bueno, coño, entonces, ¿quién es responsable de qué?

Estoy más que dispuesto a asumir la responsabilidad de lo que dijimos en el libro, lo digo y lo sostengo. Que la gente nos cuestione, que lo diga, lo sostenga, y que me diga desde dónde y cómo está diciendo lo que está diciendo, y vamos a darnos un *entre* bastante estimulante y... tan amigos como siempre.

Tuve un paciente sensacional, arquitecto por cierto, que una vez me contaba lo que él hacía y lo que hacía era peritajes en arquitectura y yo le preguntaba que para qué y él, muy amable me decía, con cierta condescendencia simpática, "doctor pues es que hay que asegurar las obras arquitectónicas por si se derrumban..., y quien hace esas cosas soy yo. Doy clases en la universidad, y preparo a la gente en esa área", y yo le preguntaba, ¿y le gusta dar clases?, y él me contestaba "claro, me parece maravilloso y estupendo". Oiga y ¿no teme a la competencia?, y él, siempre amable, "¿a qué se refiere doctor?"; pues es que a esos alumnos suyos cuando salgan, preparados por usted, pues le van a competir por la chamba. Entonces se rió con muchas ganas y me dijo "no doctor, yo no tengo miedo a la competencia, a lo que le tengo terror es a la incompetencia porque abarata mi trabajo y el de todos. Al contrario: la competencia siempre será bienvenida porque va a subir el nivel de la profesión". Gran maestro el arquitecto, tenía toda la razón. Esto va a sonar mamonsísimo pero hay millones de incompetentes con disfraz de competentes. Hay una frase muy bonita, que es terrible: "la diferencia entre un joven y un viejo, es que el joven tiene miedo a parecer pendejo y el viejo tiene terror de serlo". Ahí le pararía porque creo que nos podemos seguir.

SERGIO Sí, pero es que aparte de la juventud, los incompetentes se unen y hacen parecer que ellos son los competentes. Y a todo eso la pareja es permeable, contaminable, pues eso me da miedo. Pero sí, confiar en la tripa, así y ya, supongo.

MARIO Y en la buena fe en última instancia... Y si no pues no, y si le parten a uno la madre, pues bueno mi querido Sergio, pues ni hablar, habrá que rehacerse. Y lo mismo si uno le pisa los callos al de enfrente y le da en la madre, porque seguramente tú has afectado a algunas damas o seguramente las he afectado yo, y a la inversa, pero creo que nunca he hecho nada de mala fe en la relación amorosa.

En las parejas también hay competencia e incompetencia, capacidad de amar, o voluntad de amar, o generosidad, o por lo menos el hacer un esfuerzo constante por estarte revisando, o de apertura, y hay quien no ve más allá de sus pinches narices, no te ve pues y yo diría que estas personas son incompetentes. A lo mejor suena muy mamón decirlo así, pero hay que tener cierto talento para amar y en esa no igualdad de la que hablábamos hay gente con mayor capacidad amatoria que otras. Esperemos que tú y yo, y nuestras parejas, casi estoy seguro que sí, seamos de la parte con cierta competencia y talento.

SERGIO Esperemos que así sea, esperemos.

99 *ALVY SINGER (narrando):*
Después de eso se hizo bastante tarde y ambos teníamos que irnos, pero fue grandioso ver a Annie otra vez.
Me... me di cuenta de que es una persona fantástica

y... y de lo divertido que era el simple hecho
de conocerla y... y me acordé de un chiste... un señor
va al siquiatra y dice: "doctor, mi hermano está loco, cree
que es una gallina". Y el doctor le dice:
"¿Por qué no lo mete al manicomio?" El señor le
contesta: "Lo haría, pero necesito los güevos". Bueno, creo
que así es como me siento acerca de las relaciones de pare-
ja; son completamente irracionales, y locas,
y absurdas, y... pero, creo que seguimos en ellas
porque, bueno, casi todos... necesitamos los güevos.

—WOODY ALLEN, *Annie Hall,* **escena final.**

Conclusiones

Fíjense en las historias de amor del cine y la televisión hoy en día. En casi todas hay un hombre y una mujer que se detestan, pero al final se dan cuenta de que, a pesar de todo, de algún modo se "pertenecen", así que van "a intentarlo". Esta es una triste alteración de la historia de amor tradicional, en la que un hombre y una mujer se aman, y son separados por (y eventualmente unidos por su habilidad de superar) su circunstancia.

—**DAVID MAMET**, *The Secret Knowledge. On the Dismantling of American Culture.*

La pareja en pie de guerra

SERGIO ZURITA

SUPONGAMOS QUE HUBIERA una ley que exigiera que todos los lunes, a las seis de la tarde, los seres humanos nos elevásemos a un metro del suelo y flotáramos ahí durante medio minuto. Supongamos que, quien se negara a obedecer dicha ley, tuviera que ser encarcelado. Por supuesto, nadie podría obedecer tan absurdo mandato; las cárceles estarían llenas y las calles, vacías.

Hasta el ciudadano más sumiso se rebelaría contra semejante disparate en un santiamén. Porque las leyes tienen que hacerse de acuerdo con la naturaleza de las personas que conforman la sociedad. Y como nadie flota, no puede ordenársele a la gente que flote.

Pero, incluso, si los seres humanos pudieran flotar, tampoco tendría sentido ordenarlo si ello no tuviera un fin práctico, y la rebelión vendría de nuevo.

Digo todo esto porque, después de las conversaciones con el doctor Mario Zumaya, me doy cuenta de que la vida en pareja obedece a ciertas reglas tan absurdas como flotar los lunes, pero nadie se rebela ante ellas.

Claro, es más difícil rebelarse contra leyes que no están escritas en ningún lado. Y que han subyugado a las parejas durante demasiado tiempo.

La primera regla invisible, ante la que todo mundo baja la cabeza como borrego, es la regla de la felicidad permanente.

Una pareja está formada por dos seres humanos que, al encontrarse, se complementan absolutamente, ¿no es así? ¡Por supuesto que no! *El banquete* de Platón es una sarta de ocurrencias sin aplicación real, y aquella idea de que los integrantes de la pareja son dos mitades de un solo ser es una payasada enorme, que Aristófanes dijo como un chiste que todo mundo decidió tomarse demasiado en serio.

Ahora resulta que como ya encontré una pareja con la que me entiendo, he perdido mi derecho a la discordia. Si una pareja se pelea, aunque sea un poquito, esa pareja está mal. No se supone que las cosas sean así.

"No se supone" son las tres palabras más dañinas para una pareja. No se supone que estemos en desacuerdo, no se supone que tengamos desencuentros, no se supone que nos aburramos juntos, no se supone que nos sintamos atraídos hacia otras personas, no se supone que dejemos de sentir deseo sexual el uno por el otro. Claro que no. Ni un segundo. Las parejas tienen que ser máquinas de fornicar, de reír y de caminar tomados de la mano durante horas, sin que las manos suden jamás.

Otra ley no escrita es la ley de la paciencia. Hay que tener paciencia infinita con la pareja. "Mi esposo es mi cruz", decían las señoras que se casaron a finales de los cuarentas y principios de los cincuentas. "Mi cruz pesada", añadían las más dramáticas. Y se lo aguantaban todo. Y luego se emborrachaban con vino blanco (o con pulque, según la colonia) mientras su marido estaba en el billar. Odiaban que "su cruz" estuviera ahí, pero había que cargar con ella.

A las hijas de esas señoras ya les tocó una supuesta liberación femenina, pero mamaron la idea de la paciencia infinita. Así que, recién casadas, guardaban silencio cuando el marido se iba con sus amigotes. Guardaban silencio diez o quince veces, hasta que la paciencia hacía corto circuito con la liberación femenina, y entonces les reclamaban a sus maridos su desdén y su machismo.

La reacción de ellos, en el mejor de los casos, era de desconcierto: "¿Ahora resulta que te molesta que salga? ¿De cuándo acá, si nunca me habías dicho nada? Nomás nos casamos y ya sientes que eres mi dueña". Y en el peor de los casos, a la señora que hacía el reclamo le tocaba una golpiza.

Antes de empezar a repetir lugares comunes del estilo de "es que los hombres son unos cabrones", invito a las lectoras de este texto a pensar que los señores también son víctimas de un sistema de reglas y leyes mal planteado (lo cual no justifica la violencia, pero la explica).

A lo que me refiero es muy simple: los hombres en edad casadera de los años setenta traían el chip mental de que el hombre es el amo y señor de su reino, aunque su reino sea un departamentito de interés social. Para los abuelos y los padres de esos jóvenes, la Revolución Mexicana no era un hecho remoto. La habían vivido de un modo u otro, y en sus mentes, el hombre ideal era el caudillo con la pistola al cinto y las cananas llenas de balas nuevecitas.

Las mujeres debían ser fieles adelitas, siempre caminando detrás de su hombre, como María Félix atrás de Pedro Armendáriz en la última escena de *Enamorada,* del "Indio" Fernández (en dicha escena, él va a caballo. Ella no).

Y esas adelitas tardías, siempre con las tortillas recién hechas para cuando llegara su Pancho Villa, tenían una paciencia infinita y mitigaban su frustración con una anforita, porque ya no había guerra qué pelear y su caudillo era más bien un tinterillo panzón.

Pero los viejos hábitos son difíciles de matar y la inercia existe. Así que las hijas de esos alzados sin revuelta y esas adelitas extemporáneas siguieron callando, como sus madres. Y sus hijos se siguieron sintiendo muy machos, como sus papás.

Gustavo Díaz Ordaz trató de impedir que llegaran a México ideas estrafalarias como el feminismo, la sicodelia y la liberación sexual. Quería que México fuera un "islote intocado" por las locuras del mundo. Sobra decir que se la peló.

El movimiento estudiantil de 1968 fue, más que un grito de justicia, una rebelión contra el "islote intocado". Todos querían llevar el pelo largo y los pantalones acampanados, como en Londres y San Francisco. Todos anhelaban sexo por placer y sin consecuencias. Todos soñaban con

"Woodstock". Pero cuando despertaron, el islote intocado seguía ahí.

Después del sexo por placer, de las parejas abiertas y del simple gozo carnal, el chip del caudillo machín atacaba de nuevo. Y las mentes de esos muchachos de los 60 y 70 se morían del susto al ver a sus mujeres gozando el acto sexual. ¿Cómo se atrevían a disfrutar de su propio placer, egoísta y sucio, en vez preocuparse, únicamente, de hacer gozar a su hombre, que era su rey?

Y entonces llegaban todas las mujeres golpeadas a ver a sus madres, llorando. Y las madres les ponían merthiolate en las heridas, para después convencerlas de regresar con su marido. Ah, porque hay que decirlo, pegarles a las esposas era algo socialmente aceptado, aunque tácitamente.

El resultado de esa generación de hombres asustados de la sexualidad de sus propias esposas, y de señoras que estaban liberadas por fuera pero sometidas por dentro, es mi generación.

Para las mujeres que actualmente tienen 40 años, la liberación femenina es una ridiculez. Las decisiones que tomaron sus hoy sesentonas madres son tonterías. Han llegado a la conclusión de que el hombre no es igual a la mujer. Pero no lo van a andar proclamando ni van a quemar sus brassieres (ni locas: si son de encaje y salen carísimos). Simplemente dejan que sus hombres sean lo que son hoy en día: unos eunucos llamados *niñultos*.

La palabra original, que ya viene en el diccionario *Webster*, es *kidults*, y se refiere a todos esos adultos que coleccionan figuras de acción (monitos, pues) juegan Nintendo y van disfrazados a las *premieres* de Harry Potter, aunque ya estén canosos y panzones. (Si no creen en la existencia de los *niñultos*, busquen en Google dos términos: *ComicCon* y *SpiderMan: Turn Off The Dark en Broadway*. O prendan la tele y busquen la serie *The Big Bang Theory*).

¿De dónde salieron estos *niñultos*? Pues de mamás que, tras divorciarse de maridos que festejaban el orgasmo de las prostitutas, pero no de sus esposas, se dedicaron en cuerpo y alma a que sus hijos varones fueran exactamente lo contrario.

Ésta es una reacción normal, pero a muchas de esas señoras se les pasó la mano. Una cosa es educar al niño para que no le pegue a su esposa, y otra muy diferente es enseñarlo a tenerles miedo a las mujeres. A verlas como figuras de poder absoluto. Como seres con los que no se puede estar en desacuerdo nunca jamás.

¿Son las parejas de mi generación más felices que las de generaciones anteriores? Yo creo que no. Creo que tener un caudillo mamón en casa debía ser insufrible. Tan insufrible como aguantar a un hombre que no sabe si ser cogelón o puritano.

Un *niñulto* es mucho menos aterrador que su padre y su abuelo. Pero debe ser horriblemente tedioso. Recuerdo un documental acerca de Madonna y su entonces marido, Guy Ritchie, que es el cineasta *niñulto* por antonomasia (en sus películas, los protagonistas son hombres rudos, pero los cines donde las pasan siempre están llenos de pazguatos).

En una escena de ese documental, la diva del pop se burla del gusto de Ritchie por practicar lucha grecorromana. Le parece que es un niñote haciéndose el muy machito. "A diferencia de su padre", pensé mientras la veía burlarse, recordando que el progenitor de Madonna es un macho italiano del que ella huyó en cuanto pudo.

Ahí estaba la legendaria Madonna, un símbolo de libertad para las mujeres de toda una generación, anhelando un "hombre de verdad", un violentito como Sean Penn en sus años mozos. Porque, la verdad, qué güeva los *niñultos*.

¿Madonna está idiota? Probablemente. Pero ése no es el punto. El punto es que los hombres no deben comportarse como si fueran superiores a las mujeres, ni las mujeres como si fueran más valiosas que los hombres. Eso sólo conduce a la infelicidad. Ningún sexo es más ni menos que el otro. Pero tampoco somos iguales.

¿Han visto a un hombre embarazado? Claro que no (aunque algunos parece que lo están). ¿Los hombres y las mujeres pueden repartirse en partes iguales las responsabilidades de un niño recién nacido? No. El padre no lo puede amamantar, del mismo modo que no lo pudo parir. Supongamos que hubiera una ley que exigiera, en aras de la igualdad, que el padre tuviera que traer al recién nacido amarrado a su vientre durante nueve meses, para que sintiera lo que sintió la madre.

El único resultado sería un hombre con la columna vertebral deshecha a lo tarugo, con un gran resentimiento hacia su mujer, y sin haber experimentado en absoluto la experiencia de estar embarazado.

Esta ley no existe, pero vamos para allá. En el reino de lo políticamente correcto, un hombre ya debe decir "estamos embarazados" cuando va a tener un hijo. No. Perdón. La embarazada es ella. Él puede estar ahí brindando apoyo emocional y económico, y ayudándola a no hacer demasiados esfuerzos físicos. Pero, por fortuna, no están embarazados los dos. De ser así, ¿quién ayudaría a quién a pararse del sofá cuando la panza ya es de ocho meses?

En la introducción de este libro, el doctor. Mario Zumaya culpa a la sociedad conservadora (liderada por la religión tradicional, las televisoras privadas y las políticas públicas) de la destrucción de la pareja. Estoy seguro de que dichos monstruos han hecho grandes aportaciones al respecto, pero también creo que el ala liberal de la misma sociedad es la que podría darle el tiro de gracia a la pareja y desmantelarla para siempre. Y todo en nombre de abstracciones como la Igualdad.

Me explico. El británico Friedrich Hayek, máximo promotor del libre mercado y premio Nobel de Economía en 1974, maneja un concepto llamado "La visión trágica". El dramaturgo David Mamet, en su libro *The Secret Knowledge: On the Dismatling of American Culture*, explica con gran claridad la visión de Hayek:

En *Camino de servidumbre*, Hayek se refirió a la visión del libre mercado como La visión trágica: dice que el hombre es limitado; que el gobierno está limitado en su poder y no puede, de un modo justo, más que hacerse cargo de la infraestructura y arbitrar entre quejosos en conflicto de acuerdo a una serie de leyes mutuamente pactadas.

Hayek afirma que cualquiera puede hacer mal uso de la buena voluntad de sus conciudadanos y de las leyes, y que muchos así lo harán, para obtener ganancias inmorales; que los servidores públicos son sólo humanos y que una vez electos se preocuparán, primeramente, por su reelección; y que con el tiempo, la energía y la sabiduría que les sobre, tal vez se hagan cargo de los problemas del electorado, pero aún así, siendo humanos, su previsión y sabiduría son limitadas.

Las leyes, por lo tanto, no pueden ser perfectas, y todas las leyes causarán inconformidad y enojo y hasta lastimarán a alguien –eso es lo que hace la ley. Toma dos comportamientos o deseos humanos –dos puntos de vista humanos del mismo problema— y elige uno.

El gobierno está limitado, al igual que la previsión humana, la sabiduría, la energía, el tiempo y el conocimiento.

Hayek da justo en el blanco. De acuerdo con su visión trágica, que es real, si buscamos al mesías (tropical o no) que nos lleve al paraíso con su gobierno, estamos perdidos. Si creemos que la izquierda nos va a regresar al edén perdido de la ecología a través del poder ilimitado de un gobierno "bueno", vamos camino a la desgracia. (Después del "bueno" —digamos Allende, digamos Madero—, siempre viene el tirano —Pinochet, Huerta).

Lo mismo aplica con la vida en pareja. El refrán dice que de buenas intenciones están hechos los panteones. Estoy seguro de que el comunismo comenzó como algo bien intencionado, pero acabó convirtiéndose en uno de los horrores más grandes de la historia. David Mamet sostiene que en Estados Unidos, "la planeación urbana destruyó el vecindario negro, el *welfare* destruyó a la familia negra, y la acción afirmativa (un racismo invertido que favorece a los miembros de las minorías por el simple hecho de serlo) está destruyendo a la juventud negra". Y las tres cosas se inventaron "por el bien" de la comunidad negra.

Es probable que usted haya sentido un pequeño golpe de ansiedad al ver que Mamet no usa el término "afro-americano". Pero es lógico: se niega a formar parte de la corrección política que está desmantelando a su país.

Esa misma corrección política está acabando con la pareja. Hay mujeres que están siendo brutalmente asesinadas en Ciudad Juárez. Cierto. ¿No les parece obsceno que las feministas del D.F. utilicen esa tragedia para obtener poder político y social? ¿En qué ayuda a las víctimas de allá el activismo de acá? En nada. Mientras tanto, muchos hombres en edad adulta no se sienten con autoridad moral para negociar con su pareja de igual a igual, porque están pagando los platos rotos de unos asesinos en Juárez, o de sus padres, de sus abuelos, o de otros hombres que sí golpean mujeres, pero que no son ellos.

Hoy en día se vive con una incertidumbre de lo que está bien y lo que está mal, lo cual genera mucha ansiedad. Y la pareja no está a salvo de ello. Recuerdo un pasaje del libro *Freedom* de Jonathan Franzen, donde una pareja está atrapada en las garras de la corrección política. A ella le gustaría que, a veces, él la poseyera con un cierto nivel de agresividad. Él no se atrevería siquiera a pensarlo, porque eso es lo que hacen "los cerdos chauvinistas". Él siempre ha procurado ser bueno: ha votado por el candidato (liberal) adecuado, apoya las "causas nobles" en boga. Oye la música que le dictan las revistas liberales. Ella fue violada en la adolescencia por el hijo de un político importante (liberal y demócrata: casi un Kennedy) con quien sus padres no quisieron pelearse, así que no hicieron nada por ella. Le pidieron que se callase.

Por supuesto, estos dos se encuentran y se casan. Con un miedo enorme hacia el otro y hacia sí mismos.

Muchos años después, el hijo adolescente de ambos se va a vivir a la casa de junto, con la vecina y su marido, que es, por supuesto, un cerdo chauvinista, racista e ignorante, pero sin ese miedo que el muchacho percibe en sus padres y del que está decidido a huir a como dé lugar.

Muchos hombres tienen pánico a que se les diga machistas. Del mismo modo, muchas mujeres viven aterradas de que otras mujeres las acusen de ser un estereotipo de los años 50. Y su miedo se mezcla con el de ser acusadas de ser frías mujeres de negocios, golfas y malas madres. Hoy en día, a las mujeres se les exige ser todo, pero se les quita el derecho a ser cualquier cosa. Se les habla de igualdad, pero lo que se les ofrece son ventajas por el simple hecho de ser mujeres. Eso se llama machismo invertido. Machismo condescendiente ("pobres, hay que ayudarlas"), pero machismo a fin cuentas.

Debe ser muy estresante ser mujer hoy en día. En los años cincuenta, las reglas del juego eran horrendas, pero clarísimas. Había una opresión evidente. ¿Pero cómo puede una mujer no querer ser "mujer liberada"? Hasta vergüenza debe dar decirlo: "no quiero ser una mujer liberada". ¿Qué van a decir las otras mujeres? Qué difícil cuestionar lo que "está bien".

Y es justamente eso lo que debe cuestionarse, sobre todo si suena muy bien. David Mamet lo dice con una claridad apabullante: uno puede oponerse a la tala de árboles, pero debe estar consciente de que podría dejar a muchos leñadores sin empleo.

El doctor Mario Zumaya acierta al decir que es terapeuta de parejas, en plural, porque ninguna pareja es la ideal. (De hecho, nomás digo "la pareja ideal" y se me pega la torturante tonada de una canción de Marisela y el Buki que llevaba ese título). Y así como no existe la pareja ideal, tampoco existe la situación ideal, ni la mujer ideal, ni el hombre ideal ni el momento ideal. Existe la voluntad de estar juntos y hacer pareja. ¿Para qué? La mejor respuesta, después de todas estas conversaciones con el doctor y de mis propias experiencias (recientemente me casé) es que la pareja es una de las mejores formas de ser todo lo que uno puede llegar a ser.

Esa frase es la que utiliza el ejército de Estados Unidos para publicitarse. La usé a propósito. Y la usé porque la guerra es una manera muy efectiva para alcanzar "la totalidad de uno mismo", (término acuñado por Don Juan Matus y divulgado por Carlos Castaneda). No soy belicista. Guerra significa niños asesinados y mujeres violadas. Pero estoy consciente de que en las situaciones de conflicto armado se alcanzan los máximos avances tecnológicos y a muchos seres humanos se les presenta como una oportunidad para buscar la grandeza, (no todos tenemos acceso a la literatura, ni a las artes, ni a la ciencia; el mundo no es Boston ni la colonia Condesa).

Alessandro Baricco dice, refiriéndose a la *Ilíada* de Homero, que se trata de un monumento a la guerra y que hay que admitir que la guerra es bella. Y que mientras no inventemos una belleza que la supere, la guerra permanecerá.

Hoy por hoy, pienso que la vida en pareja es esa otra belleza; la única que le puede competir a la guerra. Hay un momento en la *Ilíada,* en el cual Andrómaca le dice a Héctor, su esposo, antes de ir a enfrentarse al ejército aqueo: "Héctor, para mí tú eres padre, y madre, y hermano. Y eres mi joven esposo: ten piedad de mí, quédate aquí, en la torre. No luches a campo abierto". Pero ella sabe que en ese momento es demasiado tarde. Héctor debe pelear, intentar salvar Troya y, con ella, a su amada Andrómaca.

Para nosotros, en este momento, no es demasiado tarde. Vivamos la vida en pareja en pie de guerra contra "las cosas buenas" y no sólo contra los tiranos evidentes. La recompensa es la pareja en sí misma, brillando en lo oculto como un monumento a la belleza.

Tejer un tapete mágico

MARIO ZUMAYA

CONVERSAR ES TEJER un tapete mágico, anudado con nuestras emociones, sentimientos y estados de ánimo y diseñado en el lenguaje, que nos puede llevar a donde acordemos llegar o a lugares inesperados, que nos permite también salir de donde estamos o creemos estar.

Esas tres cosas han ocurrido en esta conversación con Sergio Zurita sobre las parejas.

En primer lugar había acordado conmigo mismo y con él hacer un viaje conceptual por el mundo de las parejas, hablar de lo que conozco de ellas, las que he sido y la que soy en primer lugar, después las que he conocido y conozco dentro y fuera del consultorio.

Al dar contestación a las preguntas de Sergio he vuelto a visitar y reafirmar lo que pienso: que las parejas somos una especie de "laboratorio" psicológico en el que ponemos a prueba, confirmemos o no, nuestras hipótesis o supuestos personales acerca de nosotros mismos y de los demás, del erotismo, del amar y del ser amado, acerca del mundo y de la vida en general.

Hipótesis y supuestos personales que se originan en dos hechos fundamentales: primero, nuestro ser como organismos poseedores de una determinada estructura y organización biológica (nuestro cuerpo y todos sus elementos, nuestro *hardware*) que compartimos con otros seres humanos en tanto miembros de la misma especie y que nos hace sentir, pensar y actuar como lo hacemos y, segundo, nuestro existencia como seres sociales y la historia que hemos vivido en una particular cultura (idioma, religión, educación, valores culturales, nuestro *software*). La mexicana en nuestro caso, que determina mucho de lo que consideramos como real y valioso, y que organizamos en una narrativa personal e intransferible, en un relato con comienzo y fin que nos contamos y contamos a los demás, y que constituye lo que llamamos nuestra identidad.

Con nuestras parejas, y ellas con nosotros, se ponen a prueba los mitos culturales en los que vivimos, esas historias sin autor en las que, a través de un relato poético en el sentido etimológico, *poietikos,* creador de formas, se propone la explicación del mundo o de una de sus partes.

Confirmado también algo que resulta absurdo o paradójico: podríamos esperar que, a la manera de un buen científico o filósofo, si las hipótesis y mitos que sustentamos no nos están llevando a un resultado satisfactorio las podríamos cambiar por otras más adecuadas, pero eso rara vez ocurre: los seres humanos preferimos la seguridad de las hipótesis personales y los mitos culturales conocidos a aventurarnos a probar algo nuevo y, con suerte, habitar un mundo emocional más satisfactorio. No, y he aquí la paradoja, preferimos casi siempre la desdicha conocida pero segura a una hipotética e incierta felicidad.

En segundo lugar conversar con Sergio, entrevistador experto y provocador de tiempo completo, en un clima de confianza y buen humor me ha llevado a sitios inesperados en la medida en la que me he dejado conducir por el diálogo mismo, lo que creo es una metáfora de lo que ha de ocurrir en una pareja viva, estimulante: dejarse llevar en la confianza y la aceptación, cimientos básicos de lo amoroso en sentido amplio.

¿A qué sitios nuevos he llegado a través de esta conversación? Al lugar donde se compartió de manera particular y única, Ciudad de México, otoño de 2010, Sergio y yo, el interés apasionado por el ser humano y su vivir como par.

Hace un montón de años elegí conocer, en tanto médico, al ser humano en las vivencias dolorosas, en su sufrimiento.

Todavía no me repongo de tales experiencias. Una, la más positiva de sus variadas secuelas ha sido, espero, una confianza menos arrogante en los poderes de la razón cuando la utilizamos como instrumento único en la interpretación de la experiencia humana. Y también una cada vez mayor certidumbre y seguridad en las emociones y las acciones a las que dan lugar como instrumentos de organización de la experiencia, de conocimiento en su sentido más puntual y práctico: conocer es vivir; vivir, conocer.

Debo mencionar aquí a mi extrañado y recordado amigo y maestro, el psiquiatra y psicoterapeuta italiano Vittorio Guidano, quien me hizo ver hace varios años que la experiencia, la vivencia humana es dual: por una parte estamos inmersos en lo que vivimos por medio de las emociones y las acciones que desarrollamos en y a través de un "Yo" actor en el sentido de que actúa, no de que representa o finge. Por la otra, organizamos lo que vivimos en el lenguaje, en un relato o narrativa, a través de un "Mi" narrador o comentador. Así, los problemas del vivir humano no están nunca en la experiencia, que sólo es lo que es, sino en la interpretación o explicación que nos hacemos de la experiencia.

Dicho de otra manera: el Yo actor sólo puede sentir y actuar lo que su organismo le permite y, en ese sentido, el límite de su experiencia es el estar hecho o construido como lo está. El Mi comentador puede interpretar o explicar lo que el Yo actor ha vivido o está viviendo de varias maneras alternativas y, de esa manera, "construir" mundos alternos más o menos viables en tanto funcionen de manera satisfactoria o no.

Un sitio novedoso al que me han llevado estas conversaciones es al lugar donde se comprende que las parejas se pueden vivir y explicar o interpretar dentro y fuera de un consultorio, en una sala de cine o un teatro, en una conversación con amigos y amigas y, por sobre todas las cosas, en la vivencia misma con la propia pareja. Con ella, sin duda, vivo lo que vivo y, creo, explico o interpreto: a ella, a mí mismo o a lo que vivimos entre los dos que es la esencia misma de las parejas: lo que ocurre "entre" los dos, lo que construimos entre ambos, sea esto más o menos satisfactorio o productor de dolor y sufrimiento, eso que construimos de manera dinámica y siempre, deseablemente, en continua transformación y cambio.

Con otras palabras: las parejas, al igual que los seres humanos individuales, no estamos nunca completamente "terminadas" o "acabadas" como se terminan o acaban unos zapatos o una obra de arte, estamos siempre en proceso de ser. Excepto que decidamos que, en efecto, estamos totalmente terminados o acabados... y ello sería no sólo trágico, sería enormemente aburrido.

Podemos reinventarnos siempre o aceptar o acordar que, para nuestros fines individuales o los que teníamos ambos, la vida como pareja no tiene ya un sentido estimulante y nutriente, transformador y, entonces, darla por terminada.

Finalmente, ¿de dónde me ha sacado esta conversación? De la supuestamente plácida y solemne posición que a estas alturas "debería" tener un psiquiatra y psicoterapeuta sesentón.

Me explico: aproximadamente desde el año de gracia 1968 en que yo estaba en tercer año de la escuela preparatoria hemos vivido en México en una crisis social continua, agravada sólo por la mayor ineptitud y corrupción, que no es lo mismo pero es igual, de la mayor parte de las personas que han ocupado puestos clave en la conducción de este país, especialmente en los últimos diez años. En esas condiciones pertrecharme en la comodidad de un consultorio de la colonia Del Valle, en medio de libros, con la tentación enorme de ser un gurú tira-netas de las personas que tienen la valentía de consultarme sería empezar a morir y convertirme así en un "cadáver que deambula", que diría Pessoa. Es mucho más emocionante arriesgarme a salir de la zona de *comfort*, donde los cambios siempre ocurren, y ser cuestionado por un casi cuarentón, soltero a ultranza en ese entonces; un "fan", por propia y pública confesión, de un conjunto de artistas y pensadores básicamente norteamericanos que pudieran ser situados, creo, en una derecha inteligente y culta en la mejor tradición republicana de los Estados Unidos.

Y arriesgarme a plantear algunas ideas que espero, esperamos, sean perturbadoras y, de alguna manera, incómodas. Con la mejor de las intenciones en que las parejas futuras, en formación y en crisis, fracasadas y exitosas se cuestionen, revisen sus premisas, se arriesgue a hacerlo, en lo que al amar, el erotizarse y el vivir como par se refiere.

AUDREY HEPBURN (a Sean Connery):

Yo te amo. Más de lo que sabes. Más que a los niños. Más que a la tierra que con mis manos labré. Te amo más que a mis oraciones de la mañana, que a la paz o algo qué comer. Te amo más que a la luz del sol, que a la carne o la alegría, que al día que vendrá. Te amo más que a Dios.

—JAMES GOLDMAN, *El regreso de Robin Hood.*

Índice

"

Pareja o matrimonio. Decida usted, de Sergio Zurita
y Mario Zumaya, se terminó de imprimir
en diciembre de 2011 en Quad/Graphics Querétaro,
SA de CV, Lote 37, Fraccionamiento Agro Industrial
La Cruz, Villa Marqués, Querétaro, CP 76240.

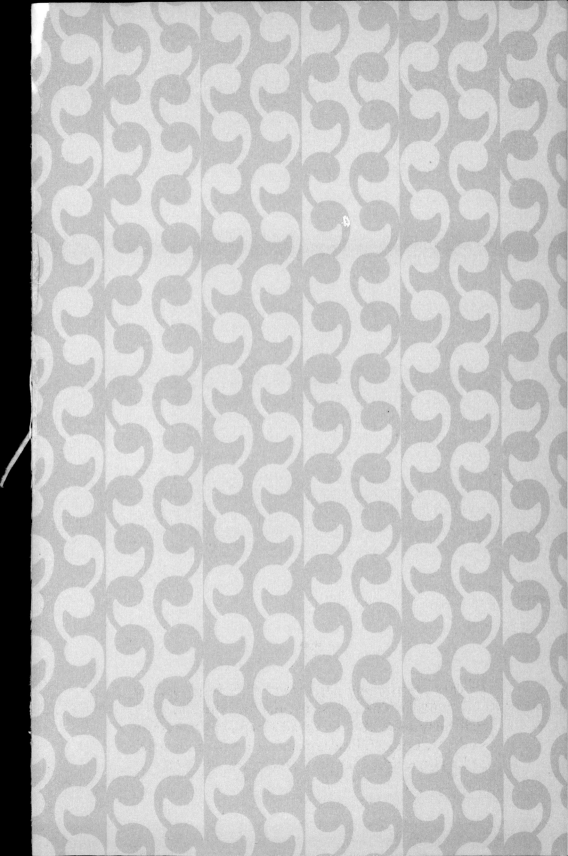